সিক্রেটস্ অফ্ সুপার সাক্সেস

সুভাষ লখোটিয়া

আয়কর এবং নিবেশ পরামর্শদাতা

ট্যাক্স গুরু ঃ সিএনবিসি আওয়াজ

ডায়মণ্ড বুক্স

প্রকাশক ঃ ডায়মণ্ড বুক্স *(প্রা.)* লিমিটেড
X - 30, ওখলা ইণ্ডাস্ট্রিয়াল এরিয়া, ফেজ - II
নূতন দিল্লী - 110 020
ফোন ঃ 011 - 40712200
ই-মেল ঃ sales@dpb.in
ওয়েবসাইট ঃ www.diamondbook.in

Secrets Of Super Success (Bengali)
By : *Subhash Lakhotia*

প্রস্তাবনা

এই পুস্তক সেই সব ব্যক্তিদের হাতে তুলে দিতে পেরে আমি অত্যধিক প্রসন্নতা অনুভব করছি... যাঁরা নিজেদের জীবনে অতুলনীয় সফলতা প্রাপ্ত করতে ইচ্ছুক!

এই পুস্তকে পুরুষ, মহিলা, যুবা এবং বৃদ্ধ-বৃদ্ধা – প্রত্যেকেই সেই ব্যবহারিক এবং গোপনীয় রহস্যের ব্যাপারে জানতে পারবেন... যেটা জীবনে অতুলনীয় সফলতা প্রাপ্ত করার জন্য অত্যন্ত আবশ্যক হয়!

আমার বেশ ভালো করে মনে আছে, মার্ক ট্যোয়েন একবার বলেছিলেন – *“আপনারা যদি নিজেদের জীবনে সফলতা প্রাপ্ত করতে চান... তাহলে আপনাদের কাছে অনভিজ্ঞতা আর বিশ্বাস – দুটোই থাকা অত্যন্ত আবশ্যক!”* কিন্তু আধুনিক প্রসঙ্গে আমি এমনটা অনুভব করি যে, প্রত্যেক মনুষ্যের নিজেদের জীবনে কেবল সফলতা প্রাপ্ত করার লক্ষ্য নয়... বরং অতুলনীয় সফলতা প্রাপ্ত করার লক্ষ্য নির্দিষ্ট করা উচিত!

যদি পাঠকবৃন্দ এই পুস্তকে দেওয়া অতুলনীয় সফলতা প্রাপ্ত করার মন্ত্রগুলো মনোযোগ সহকারে পড়েন এবং সেগুলো নিজেদের জীবনে প্রয়োগ করেন... তাহলে সেই লক্ষ্য বাস্তবিকও হয়ে উঠতে পারে! এ্যালবার্ট আইন্সস্টাইন বলতেন – *“সেই ব্যক্তিই জীবনে সফল হতে পারেন... যিনি নিজের দ্বারা প্রাপ্ত অভিজ্ঞতার থেকে বেশী আশপাশের অন্য লোকেদের অভিজ্ঞতা থেকে শিক্ষা গ্রহণ করেন!”* আমি এমনটা মনে করি যে, এই পুস্তক দ্বারা আমাদের যুবা প্রজন্ম অত্যন্ত বেশী লাভ প্রাপ্ত করবে আর যদি এই পুস্তক পড়ে পাঠকবৃন্দ নিজেদের জীবনে অতুলনীয় সফলতা প্রাপ্ত করেন... তাহলে আমি এমনটা মনে করব যে, আমার এই প্রচেষ্টা সফল হয়েছে!

আমি এই পুস্তকের প্রকাশক শ্রী নরেন্দ্র বর্মার প্রতি আমার আন্তরিক ধন্যবাদ প্রকট করছি... যিনি অত্যন্ত কম সময়ে এই পুস্তক প্রকাশিত করেছেন!

– সুভাষ লখোটিয়া

“লখোটিয়া নিবাস”, এস - 228,

গ্রেটার কৈলাশ - II, নূতন দিল্লী - 110 048

ফোন ঃ 09810001665, 011 - 29215434

লেখক পরিচিতি

সুভাষ লখোটিয়া

শ্রী সুভাষ লখোটিয়া হচ্ছেন আর.এন.লখোটিয়া এ্যাণ্ড এ্যাসোসিয়েটস এল.এল.পি.-র ডায়রেক্টর! উনি গত 40 বছরেরও বেশী সময় ধরে ইন্‌কাম ট্যাক্স প্র্যাক্টিশের সাথে যুক্ত হয়ে রয়েছেন। দেশের বিভিন্ন রাষ্ট্রীয় দৈনিক সংবাদপত্রে নিয়মিত রূপে ওনার লেখা প্রকাশিত হয়। উনি *"লখোটিয়া কলেজ অফ্ ট্যাক্সেশন এ্যাণ্ড ম্যানেজমেন্ট"*-য়েরও ডায়রেক্টর। উনি ট্যাক্স প্ল্যানিং, ট্যাক্স ডকুমেন্টেশন এবং ইন্‌ভেস্টমেন্ট প্ল্যানিং পরামর্শদাতার রূপে প্র্যাক্টিশ করছেন। উনি ট্যাক্সেশন আর ট্যাক্স প্ল্যানিং বিষয়ের ওপরে এখনও পর্যন্ত বেশ কিছু সেমিনার আর লেকচার মীটিং-য়ে নিজের বক্তব্য রেখেছেন এবং *'ডায়রেক্ট ট্যাক্সে জীরো থেকে হীরো'* নামক এক জনপ্রিয় কোর্সেরও সঞ্চালন করছেন!

ওনাকে *'লায়ন্স ইন্টারন্যাশনাল'* দ্বারা *'ভারতের শ্রেষ্ঠ যুবা'* প্রতিনিধির রূপে 1970 সালে সংযুক্ত রাজ্য আমেরিকার আটলান্টা শহরে আয়োজিত *'বিশ্ব যুবা কংগ্রেস'*-তে পাঠানো হয়েছিল। উনি *'ইন্‌ভেস্টর ক্লাব'*-য়ের সেক্রেটারী এবং *'স্পিরিচুয়াল ক্লাব ইন্টারন্যাশনাল'* আর *'ইউনাইট টু ইন্‌ভেস্ট (ইউ.টি.আই.)*-য়ের প্রেসিডেন্টও বটে! উনি *'রিয়েল এস্টেট স্ট্র্যাটেজী গ্রুপ'*-য়ের প্রমুখ নীতি-নির্দ্ধারক *(স্ট্র্যাটেজিস্ট)* এবং রিয়েল এস্টেটের সাথে যুক্ত বিভিন্ন প্রোফেশন্যাল ইউনিটগুলোর সাথেও উনি সক্রিয় ভাবে যুক্ত হয়ে রয়েছেন! শ্রী লখোটিয়া ইন্‌কাম ট্যাক্স, ইন্‌ভেস্টমেন্ট, রিয়েল এস্টেট এবং স্পিরিচুয়ালিটির ওপরে বেশ কিছু পুস্তকেরও রচনা করেছেন। উনি *'লায়ন্স ক্লাব ইন্টারন্যাশনাল'*-য়ের সাথেও সক্রিয় রূপে যুক্ত হয়ে রয়েছেন। ওনাকে *"সাহিত্য শ্রী"* এবং 2010 সালের *"সূর্য দত্ত রাষ্ট্রীয় পুরস্কার"* দ্বারাও সম্মানিত করা হয়েছে! উনি *'প্রোটোন বিজনেস স্কুল'*-য়ের গভর্নিং কাউন্সিলেরও প্রমুখ সদস্য!

শ্রী সুভাষ লখোটিয়া প্রতি বুধবার, শনিবার এবং রবিবার *'সি.এন.বি.সি. আওয়াজ'* চ্যানেলে প্রসারিত হতে থাকা এক অত্যন্ত জনপ্রিয় টি.ভি. শো *"ট্যাক্স গুরু"*-রও সঞ্চালন করে থাকেন। সম্প্রতি *"ট্যাক্স গুরু"*-র 250-তম এপিসোডের প্রসারণ করা হয়েছে। এখানে উল্লেখনীয় যে, *"ট্যাক্স গুরু"* অনুষ্ঠানকে *"বছরের সর্বশ্রেষ্ঠ বিজনেস টক শো"* হিসেবে বেছে নেওয়া হয়েছে এবং 2010 সালের *"ন্যাশনাল টেলিভিশন এ্যাওয়ার্ড"* দ্বারা সম্মানিত করা হয়েছে!

জন্মতিথি বর্ষ
23.11.1949

পত্র দ্বারা যোগাযোগের ঠিকানা ঃ
শ্রী সুভাষ লখোটিয়া
ট্যাক্স এবং ইন্‌ভেস্টমেন্ট পরামর্শদাতা
এস - 228, গ্রেটার কৈলাশ, পার্ট - II
নূতন দিল্লী - 110 048
ফোন ঃ 011 - 29215434, 011 - 29215420
মোবাইল ঃ 09810001665
ই-মেল ঃ slakhotia@satyam.net.in;
এবং thelakhotia@gmail.com

সূচীপত্র

ভাগ - 04

ভাগ - 01

01

হ্যাঁ... আমি সফলতার শিখরে পৌঁছতে চাই

এই পুস্তক পড়তে থাকা সমস্ত পাঠকদের আমি এই বিশ্বাস প্রদান করতে চাই যে, আপনাদের মনে যদি জীবনে সফল হওয়ার লালসা থাকে... তাহলে আপনারা নিশ্চিত রূপে সফলতার শীর্ষে পৌঁছতে পারেন! তার জন্য সবার আগে আমি সফলতার শীর্ষে পৌঁছনোর জন্য সকল পাঠকদের মনে এই লক্ষ্যের প্রতি দৃঢ় নিশ্চয়তার কামনা করি! আপনারা যদি এমন কোন স্বপ্ন দেখে থাকেন... তাহলে এই পুস্তক অবশ্যই আপনাদের স্বপ্নকে বাস্তবিক রূপ প্রদান করবে! কিন্তু আমি আবার একবার এমনটা পুনরাবৃত্তি করতে চাইব যে, আপনাদের দৃঢ় নিশ্চয়তাই হচেছ এর বুনিয়াদ! আপনাদের অটল নিশ্চয়তা এবং সর্বশক্তিমান ঈশ্বরের আশীর্বাদ দ্বারা সফলতা অবশ্যই আপনাদের চরণ স্পর্শ করবে! আপনারা শুধু আমার এই কথাটার ওপরে বিশ্বাস রেখে এই পুস্তক পড়ে চলুন আর শেষে আপনারা এমনটা অনুভব করবেন যে, আপনারা জীবনের বিভিন্ন ক্ষেত্রে সফলতার সিঁড়ি বেয়ে ওপরের দিকে উঠে চলেছেন! নিজের ওপরে বিশ্বাস রাখুন... কারণ বিশ্বাসের মধ্যে অপার শক্তি থাকে! এই অদ্ভূত শক্তি প্রকৃতির এক জাদু হয়! সুতরাং জীবনের প্রতিটি ক্ষেত্রে সফলতা প্রাপ্ত করার ভাবনা আর নিজের ওপরে বিশ্বাস নিজের মনের মধ্যে সাজিয়ে রাখুন! নিজেকে এক অত্যন্ত সফল ব্যক্তি হিসেবে মনে করুন! এই বিচারধারা আপনাদের সফলতার পথে নিয়ে যাবে! কখনোই নিজেকে দুর্বল মনে করবেন না! নিজেকে মজবুত করে তুলুন... কিন্তু আপনারা যদি মজবুত না হন, তাহলে নিজেদের ভেতরে সেই সব মূল্যবোধের সঞ্চার করুন... যেগুলো আপনাদের জীবনে শক্তিশালী করে তুলবে! কিন্তু মূল নিষ্কর্ষ হচেছ এটা যে, নিজেকে কখনোই অসহায় মনে করবেন না! নিজের আত্মবিশ্বাসকে মজবুত করে তুলুন আর নিজেকে এক সফল ব্যক্তি হিসেবে মনে করুন!

আমি যখন নিজের জীবনের গত 60 বছরের হিসেব-নিকেশ করতে বসি... তখন আমার নিজের সফলতার ওপরে গর্ব অনুভব হয়! আমি আমার পাঠকদেরও এই পরামর্শই দিতে চাইব যে, আপনারা নিজেদের এই পর্যন্ত জীবনের সমীক্ষা করুন! অতীতের মিষ্টি স্মৃতি থেকে খুশী একত্রিত করে নিজেদের সোনালী ভবিষ্যতের ওপরে বিচার-বিবেচনা করুন! নিজেকে এক সফল ব্যক্তি হিসেবে মনে করে দৃঢ় পদক্ষেপে সামনের দিকে এগিয়ে চলুন আর আপনারা যদি জীবনে এখনও সফল না হয়ে উঠতে পারেন, তাহলে আপনাদের সফল হতে হবে আর আপনারা সফল হবেনও! যদি এমন চিন্তাধারা মনের মধ্যে পোষণ করে আপনারা এটাকে লক্ষ্যের রূপে নির্দিষ্ট করে নেন... তাহলে দুনিয়ার কোন শক্তিই আপনাদের সফলতার পথে বাধা হয়ে উঠতে পারবে না! আজ আমি আপনাদের সাথে নিজের জীবনের কিছু অভিজ্ঞতা ভাগ করে নিতে চাই! এটা হচ্ছে সেই সময়কার কথা, যখন আমি 20 বছর বয়সের এক কলেজ ছাত্র ছিলাম! সেই সময় লায়ন্স ক্লাব ইন্টারন্যাশনালের পক্ষ থেকে ভারত, বার্মা আর নেপালের জন্য এক প্রতিযোগিতার আয়োজন করা হয়েছিল... যাতে আমেরিকার আটলান্টা শহরে লায়ন্স ক্লাব ইন্টারন্যাশনাল অধিবেশনে অংশ নেওয়ার জন্য দেশের সর্বোত্তম যুবার নির্বাচন হওয়ার ছিল! আমার ইংরাজী জ্ঞান ততটা ভালো ছিল না! তবুও আমি নিজেকে এমন এক প্রতিযোগীর রূপে দেখেছিলাম... যে আমেরিকায় যাওয়ার যোগ্যতা রাখে! আমি আজ যখনই নিজের জীবনের সেই 40-টি বছরের ব্যাপারে ভাবনা-চিন্তা করি... আমি এমনটা দেখতে পাই যে, সেই প্রতিযোগিতায় অংশ গ্রহণ করার তীব্র ইচ্ছা আর আমার ভেতরের আত্মবিশ্বাসের জোরে আর সর্বশক্তিমান ঈশ্বরের আশীর্বাদে আমি 1970 সালে আমেরিকার আটলান্টা শহরে আয়োজিত ইউথ কংগ্রেসে অংশ গ্রহণ করার জন্য নির্বাচিত হয়েছিলাম! সেই সময় ভারতে অনুষ্ঠিত নির্বাচনী প্রক্রিয়ায় আমাকে অনেক বার সমস্যার মোকাবিলা করতে হয়েছে! আমি অনেক বার এমনটা চিন্তা করে ঘাবড়ে উঠতাম যে, আমি কি দক্ষিণ ভারত আর মুম্বাই থেকে আসা যুবা প্রতিযোগীদের মোকাবিলা করতে পারব!? কিন্তু বিশ্বাস করুন... নিজের মনোবল আর মনোকামনার জোরেই এমনটা সম্ভব হতে পেরেছিল! শেষে 1970 সালের জুন মাসে আমি কোলকাতা থেকে আমেরিকার উদ্দেশ্যে প্লেনে চেপে বসি... যেটা আমার জীবনের প্রথম হাওয়াই সফর ছিল, সেটাও আবার ভারত থেকে সোজা আমেরিকা! এমন কি আমি সেই সময় সীট বেল্ট বাঁধতেও জানতাম না! এই প্রকারের সফরের সেটাই আমার প্রথম অভিজ্ঞতা ছিল... তাও একেবারে একা! তাই আপনারা আমার কথায় বিশ্বাস করতে পারেন যে, যখনই আপনাদের দরজায়

সুযোগ এসে কড়া নাড়বে... সেই সুযোগ হাসিল করার জন্য প্রাণপন মেহনত করুন আর জীবনে সফলতা প্রাপ্ত করুন! এই প্রকার আজ থেকে প্রায় 5 বছর আগে একদিন আমি সকাল 9-টার সময় প্রাতঃরাশ সারতে-সারতে টি.ভি.-র এক বিজনেস চ্যানেলে *'মর্ণিং ব্রেকফাস্ট শো'* নামক অনুষ্ঠান দেখছিলাম! সংযোগবশতঃ সেদিন আমি পুরো অনুষ্ঠান দেখি... যেটা বিশ্বের এক প্রসিদ্ধ টি.ভি. সেলিব্রিটি পেশ করছিলেন! অনুষ্ঠান শেষ হওয়ার পরে আমি এমনটা অনুভব করি যে, অনুষ্ঠানে নিবেশের ব্যাপারে ভালো পথ প্রদর্শন আর উপায়ের ব্যাপারে জানানো হয়েছিল! এই আধ ঘন্টায় নিবেশ আর ডিভোর্স, নিবেশ আর ক্রেডিট কার্ড, নিবেশ আর হোম লোন ইত্যাদির ওপরে বিস্তারিত ভাবে আলোচনা করা হয়েছিল! আমার সেই অনুষ্ঠান অত্যন্ত ভালো লাগে! সেটা অত্যন্ত জ্ঞানবর্দ্ধক আর তথ্যে ভরপুর অনুষ্ঠান ছিল! কিন্তু ভারতীয় নিবেশকদের হিসেবে আমার সেই অনুষ্ঠানকে ততটা প্রভাবশালী মনে হয়নি... কারণ অনুষ্ঠানে যেসব উপায়ের ব্যাপারে জানানো হয়েছিল, সেগুলো ভারতীয় লোকেদের নিবেশ করার চিন্তাধারা আর সংস্কৃতির সাথে ঠিক মিল খায় না! তারপর আমি টি.ভি. চ্যানেলের সম্পাদককে আমার নিজের পরামর্শের ব্যাপারে জানানোর ব্যাপারে চিন্তা করি! আমি ভারতীয় নিবেশকদের আবশ্যকতাকে মাথায় রেখে টি.ভি. চ্যানেলের সম্পাদককে এক চিঠি লিখি! আজ নিজের পাঠকদের এটা জানাতে পেরে আমার অপার প্রসন্নতা অনুভব হচেছ যে, টি.ভি. চ্যানেলের সম্পাদকের আমার পরামর্শ পছন্দ হয় আর এর সাথে-সাথেই সি.এন.বি.সি. আওয়াজ চ্যানেলে এক বিশেষ অনুষ্ঠান পেশ করার আমন্ত্রণ পত্রও আমি প্রাপ্ত করি... যেটাকে আমি গর্ব করে *'প্রেমপত্র'* বলি! এর পরে সি.এন.বি.সি. আওয়াজ চ্যানেলে *'ট্যাক্স গুরু'*-র রূপে আমার জীবনের এক নতুন অধ্যায়ের সূত্রপাত হয়! নিজের পাঠকদের উৎসাহ প্রদান করার জন্য আমি এখানে এটা জানাতে চাই যে, সম্প্রতি রাষ্ট্রীয় টেলিভিশন পুরস্কার, 2010-য়ের ঘোষণা করা হয়েছে... যাতে ট্যাক্স গুরু টি.ভি. শো-কে *'সর্বোত্তম বিজনেস টক শো'*-য়ের পুরস্কার প্রদান করা হয়েছে! এই পুরস্কার আমার সমস্ত দর্শকদের অপার ভালবাসারই প্রতীক! এখানেও মুখ্য ভূমিকা মনোবল আর নতুন চিন্তাধারার রয়েছে! আমি নতুন কিছু করার ব্যাপারে ভেবেছিলাম আর চ্যানেলের সম্পাদকের সাথে পরিচয় না থাকা সত্ত্বেও আমি বিনা সংকোচে ওনাকে নিজের পরামর্শ পাঠিয়েছিলাম... যেটা স্বীকার করে নেওয়া হয় আর সৌভাগ্যবশতঃ *'ট্যাক্স গুরু'* শো পেশ করার যে সুযোগ আমি পেয়েছিলাম, সেটার জন্য আমি কড়া পরিশ্রমও করি! প্রিয় পাঠকবৃন্দ! বিশ্বাস করুন... আপনারা জীবনের যে ক্ষেত্রের সাথেই যুক্ত হয়ে থাকুন

না কেন – পড়াশোনা, ব্যবসা বা চাকরী – আপনারা এই পুস্তকের সহায়তায় নিজেদের জীবনে অভূতপূর্ব সফলতা প্রাপ্ত করতে পারেন... কিন্তু এটা কখনো ভুলে যাবেন না যে, তার জন্য আপনাদের মধ্যে দৃঢ় সংকল্প আর তীব্র ইচ্ছা থাকাটা অত্যন্ত জরুরী! আজ থেকে প্রায় 30 বছর আগে আমি *'জীরো টু হীরো ইন্ ইন্‌কাম ট্যাক্স'* নামক নতুন চিন্তাধারার ওপরে আধারিত এক শিক্ষামূলক প্রোগ্রাম শুরু করেছিলাম... যেটা গোটা ভারতবর্ষে হৈ-চৈ ফেলে দিয়েছিল! কোলকাতার *'দ্য টেলিগ্রাফ'* পত্রিকা সেই অনুষ্ঠানের ওপরে এক বিশেষ রচনা প্রকাশিত করে! নিজের জীবনের সেই অভিজ্ঞতা আমি এখানে নিজের পাঠকদের উৎসাহ প্রদান করার জন্য এজন্য উল্লেখ করছি, যাতে তাঁরাও নিজেদের পুরোন প্রাপ্তির ওপরে ভাবনা-চিন্তা করেন আর তারপর ভবিষ্যতের পরিকল্পনা প্রস্তুত করেন! লক্ষ্যের প্রতি অদম্য মনোবল আর তীব্র ইচ্ছাশক্তির ওপরে অটল হয়ে থাকলে আপনারাও নিজেদের কার্যক্ষেত্রে সফলতা প্রাপ্ত করবেন!

❑❑❑

02

অপার সফলতা প্রাপ্ত করার জন্য গুরুত্বপূর্ণ ফয়সালা

যখনই আপনাদের জীবনে কোন গুরুত্বপূর্ণ ফয়সালা গ্রহণ করার সময় আসবে... তখন এটা সুনিশ্চিত করে নিন যে, আপনারা সকল পক্ষগুলোর ওপরে ভালোমতন ভাবনা-চিন্তা করার পরেই কোন নির্ণয়ে পৌঁছবেন! সর্বদা এটা মাথায় রাখবেন যে, আপনাদের এই নির্ণয় আপনাদের জীবন খুশীতে ভরিয়ে তুলতে পারে আর আপনাদের সামনে সফলতার দ্বারও উম্মুক্ত করে তুলতে পারে! এজন্য এই প্রকারের নির্ণয় গ্রহণ করার আগে সাবধানতা আর সংযম বজায় রাখুন! আমার পিতা শ্রী আর. এন. লখোটিয়া 1962 সালে নিজের ব্যবসা শুরু করার জন্য আয়কর বিভাগের নিজের পদ থেকে ইস্তফা দিয়ে দিয়েছিলেন... যখন কি উনি প্রথম শ্রেণীর আয়কর অফিসার ছিলেন! ওনার সেই নির্ণয় ওনার জীবনের এক অত্যন্ত গুরুত্বপূর্ণ নির্ণয় প্রমাণিত হয়েছিল! এত প্রতিষ্ঠিত চাকরী ছেড়ে দেওয়ার নির্ণয় গ্রহণ করাটা ওনার পক্ষে হয়তো খুবই কঠিন ছিল! সরকারী চাকরী ছেড়ে দেওয়ার পরে উনি আয়করের ওপরে পুস্তক লেখেন... বিভিন্ন সেমিনারের আয়োজন করেন! ওনার এই নির্ণয়ে আমার স্বর্গীয়া মাতা শ্রীমতি আশারাণী লখোটিয়ার সহযোগ আর প্রেরণাও শামিল ছিল! 1962 সালে গ্রহণ করা নিজের সেই নির্ণয়ের কারণে আমার পিতা নিজের জীবনে বেশ কিছু সফলতা প্রাপ্ত করেছিলেন! তবুও যে কোন নির্ণয় গ্রহণ করার সময় এটা অত্যন্ত জরুরী হয় যে, আপনারা সকল ইতিবাচক আর নেতিবাচক পক্ষগুলোর সমীক্ষা করে নেবেন... কিন্তু একবার কোন নির্ণয় গ্রহণ করার পরে আর কখনো পেছন ফিরে তাকাবেন না! আমার পিতা আয়করের ওপরে 500-রও বেশী পুস্তক লিখেছেন... যেটা এক বিরল কীর্তি! ভারতে ওনাকে আয়করের এক মহান বিশেষজ্ঞ হিসেবে মানা হয়ে থাকে! ওনার

আজও সেই দিনটার কথা স্পষ্ট রূপে মনে আছে... যখন নিজের প্রথম পুস্তক লেখার পরে উনি বেশ কিছু প্রকাশককে ওনার পুস্তক প্রকাশিত করার জন্য অনুরোধ জানিয়েছিলেন! কিন্তু এক অজানা ব্যক্তির লেখা পুস্তক কে ছাপবে? সেটাই ছিল এক ঐতিহাসিক নির্ণয় গ্রহণ করার মুহূর্ত আর এবারও আমার মাতা এতে শামিল ছিলেন! ওনারা দুজনে মিলে *'আশা পাব্লিশিং হাউস'* নামে এক প্রকাশন কেন্দ্রের স্থাপনা করেন! আপনারা একটু চিন্তা করে দেখুন – যদি আমার পিতা সেই সময় হতাশ হয়ে পড়তেন... তাহলে কি আজ ওনার লেখা এতগুলো পুস্তক পাঠকদের কাছ পর্যন্ত পৌঁছতে পারত? একেবারেই নয়! ওনার তো প্রকাশন ব্যবসার কোন অভিজ্ঞতাই ছিল না আর সেই সময় ওনার বয়স ছিল মাত্র 28 বছর! 1965 সালে আমিও ওনার সেই পাব্লিশিং হাউসের কাজে সহযোগ করতে শুরু করি! আপনারা যদি নিজেদের সফলতার মাপদণ্ড জানতে পারেন... তাহলে আপনারা নিশ্চিত রূপে সেটাকে প্রাপ্তও করতে পারবেন! প্রয়োজন হচ্ছে কেবল নতুন চিন্তাধারা আর কড়া মেহনতের! জীবনে অপার সফলতা প্রাপ্ত করাটা অর্জুন দ্বারা মাছের চোখে তীর বিদ্ধ করার মত ব্যাপার হয়! আপনাদের দৃষ্টি সর্বদা নিজেদের লক্ষ্যের ওপরে নিবদ্ধ হয়ে থাকা উচিত! ব্যস্... সফলতা নিশ্চিত রূপে আপনাদের চরণ স্পর্শ করবে!

❑❑❑

03

অন্যদের সফলতাকে ছেড়ে, নিজের সফলতার পথের প্রতি মনোযোগ দিন

জীবনে সফলতা প্রাপ্ত করার আরও একটা অব্যর্থ মন্ত্র হচ্ছে এই যে, অন্যদের গতিবিধি আর উন্নতির ওপরে দৃষ্টি দেবেন না! আপনাদের মনোযোগ সর্বদা আপনাদের নিজেদের সফলতার ওপরে কেন্দ্রীভূত হয়ে থাকা উচিত! নিজেদের বন্ধু-বান্ধব, আত্মীয়-স্বজন আর আপনাদের সাথে যুক্ত অন্য ব্যক্তিদের সফলতার ব্যাপারে চিন্তা করতে থাকাটা আপনাদের নিজেদের সময়, সামর্থ্য আর এনার্জীর বর্বাদী ছাড়া আর কিছুই হয় না! এর থেকে তো ভালো এটা হয় যে, আপনারা জীবনের বিভিন্ন কার্যক্ষেত্রে নিজেদের স্থাপিত করে নিজেদের এক আলাদা পরিচিতি গড়ে তুলবেন... নিজেদের সফলতা দ্বারা অন্যদের কাছে এক উদাহরণ হয়ে উঠবেন! এই জিনিষটার ওপরে গভীরতার সাথে চিন্তা করুন... কারণ বেশীর ভাগ লোক হয় অন্যদের সফলতার ব্যাপারে আলোচনা করতে থাকেন আর নয়তো সেই সফল ব্যক্তির প্রতি নিজের মনে ঈর্ষার ভাব পোষণ করে নিজের সময় আর এনার্জী – দুটোই নষ্ট করে ফেলেন! এজন্য অন্যদের চিন্তা ছেড়ে নিজেদের লক্ষ্য নিদ্ধারিত করুন এবং নিজেদের সফলতার পথে অগ্রসর হয়ে চলুন! ততক্ষন পর্যন্ত শান্তিতে কোথাও বসবেন না... যতক্ষন না আপনারা নিজেদের জীবনের সেই লক্ষ্য প্রাপ্ত করে নিচ্ছেন! নিজেদের জীবনের লক্ষ্যকে কেবলমাত্র এক স্বপ্ন না মনে করে সেটাকে নিজেদের জীবনের মিশন হিসেবে মেনে নিন!

❑❑❑

04

সফল ব্যক্তিদের 12-টি গুণ লিখুন এবং সেগুলো প্রত্যেক মাসে নিজের ওপরে প্রয়োগ করুন

এক সফল ব্যক্তি হয়ে ওঠার জন্য 12-টি গুরুত্বপূর্ণ গুণ লিখে নিন! প্রতি মাসে সেগুলোর মধ্যে থেকে একটা করে গুণ নিজের ভেতরে গড়ে তোলার চেষ্টা করুন! এই প্রকার আপনারা এক বছরে 12-টি গুণের মালিক হয়ে উঠবেন আর সফলতার দুনিয়ার চমকাতে থাকা নক্ষত্র হয়ে উঠবেন! এই 12-টি গুণে দক্ষতা অর্জন করার ভরপুর প্রচেস্টা চালান! আপনারা যদি প্রতি মাসে একটা করে গুণে সম্পন্ন হয়ে ওঠেন... তাহলে এক বছরের মধ্যে আপনারা 12-টি অমূল্য গুণের মালিক হয়ে উঠতে পারবেন... যেগুলো সফলতার পথে এগিয়ে চলার জন্য আপনাদের সহায়ক হয়ে উঠবে! এই সিদ্ধান্তের পালন করলে আপনারা খুব শীঘ্রই অত্যন্ত সফল ব্যক্তিদের শ্রেণীতে শামিল হয়ে পড়বেন!

❑❑❑

05

উচ্চ আত্মসম্মান

নিজের আত্মসম্মানের উচ্চ স্তর বজায় রাখুন! ই. জি. হোয়াইট একবার বলেছিলেন – *"যে ব্যক্তি নিজের আত্মসম্মানকে গুরুত্ব দেয় না... ঈশ্বর তার ওপরে ক্রুদ্ধ হন! ঈশ্বর এমনটা চান যে, ব্যক্তি নিজের মূল্যবোধ আর আত্মসম্মানকে উচ্চ স্তরে রাখুক! ঈশ্বর তেমন ব্যক্তিদের ভালবাসেন... অন্যথা তিনি নিজের সন্তানদের খারাপ কাজ করা থেকে বাঁচাতেন না! উনি এমনটা চান যে, আমরা বড় চিন্তা করি আর ঈশ্বরের প্রতি আস্থা রাখি! আমাদের যদি ঈশ্বরের প্রতি অস্থা থাকে... তাহলে আমাদের বড় লক্ষ্যের আশা করা উচিত!"*

এজন্য নিজেদের আত্মসম্মানকে উচ্চ স্তরে রাখুন আর কখনো বৃথা ভয় পাবেন না!

সফল ব্যক্তিরা জীবনে কখনো ভয় পান না! এজন্য তাঁরা বুক চিতিয়ে সকল প্রকারের সমস্যার মোকাবিলা করতে পারেন আর সফলতার পথে এগিয়ে চলেন! ব্যবসায় লিপ্ত কিছু ব্যক্তি নিজেদের ব্যবসার ভবিষ্যতকে কেন্দ্র করে অনেক সময় চিন্তিত হয়ে ওঠেন! কখনো তাঁদের এমন ভয় হতে থাকে যে, মাল খারাপ না হয়ে পড়ুক বা মালের অর্ডার ক্যানসেল না হয়ে পড়ুক! কেউ নিজের ফ্যাক্টরীর শ্রমিকদের হড়তালকে কেন্দ্র করে অস্হির হয়ে থাকেন বা কোন ছাত্র-ছাত্রী এমন ভয় পেতে থাকেন যে, পরীক্ষার দিন তাঁরা অসুস্হ না হয়ে পড়ুন আর পরীক্ষায় ফেল না হয়ে পড়েন! এই সবই হচেছ বৃথা চিন্তা... এই সব বৃথা চিন্তাকে নিজের কাছে ঘেঁষতে দেবেন না! এই প্রকারের ভয় আপনাদের ব্যক্তিত্বের ক্ষতি করে! সুতরাং এই সব বৃথা চিন্তার হাত থেকে মুক্তি পান আর আপনাদের যদি ভয় পেতেই হয়, তাহলে একমাত্র সেই পরম পিতা পরমাত্মাকে ভয় পান!

❑❑❑

06

সফলতা প্রাপ্ত করার জন্য নিজের বিশ্বাসের সাথে সমঝোতা করবেন না

সফলতা প্রাপ্ত করার এক অব্যর্থ মন্ত্র এটাও হয় যে, নিজের বিশ্বাসের সাথে কখনো সমঝোতা করবেন না! এই বিশ্বাসকে আপনারা নিজেদের ভেতরে যে কোন সময় জাগ্রত করে তুলতে পারেন! আর একবার যখন আপনাদের বিশ্বাস দৃঢ় হয়ে উঠবে... তখন আর সেটাকে দুর্বল হতে দেবেন না আর সেটার সাথে কোন প্রকারের সমঝোতাও করবেন না! এই প্রকারের চিন্তাধারা আপনাদের মজবুত করে তুলবে আর আপনাদের বিশ্বাসের সুতো আপনাদের লক্ষ্যের সাথে বেঁধে রাখবে! অপার সফলতা আর অগাধ বিশ্বাসের এমনই এক কাহিনী ভারতীয় বিলিয়োনিয়ার দম্পতি শ্রী পঙ্কজ ওসওয়াল এবং শ্রীমতি রাধিকা ওসওয়ালের রয়েছে! এই অত্যন্ত ধনী দম্পতি বর্তমানে অস্ট্রেলিয়ায় বাস করেন! আজকাল ওনারা অস্ট্রেলিয়ার পার্থ শহরে নিজেদের প্রাসাদোপম বাংলো তৈরীতে ব্যস্ত হয়ে রয়েছেন! ওনারা যদিও অস্ট্রেলিয়ায় বসবাস করেন... কিন্তু ভারতীয় মূলের লোক হওয়ার কারণে ওনারা পুরোপুরি নিরামিশাষী আর ওনারা অন্য লোকেদেরও নিরামিশাষী হয়ে ওঠার জন্য প্রেরিত করতে নিত্য-নতুন প্রয়োগ করতে থাকেন! সম্প্রতি পেপ্পরমিন্ট গ্রোভে অবস্হিত ওনাদের বিশাল বাংলো তৈরীর কাজ পুরো দমে চলছে আর 2011 সালের মধ্যে সেই কাজ শেষ হয়ে পড়ার সম্ভাবনা রয়েছে! তাজ-অন্-স্বান নামক এই বাংলো অস্ট্রেলিয়ার সব থেকে দামী ভূখণ্ডের ওপরে তৈরী হচেছ! এই প্রবাসী ভারতীয় দম্পতি নিজেদের বাংলো তৈরী কাজে রত লোকেদের কার্যস্হলে মাংস ইত্যাদি সেবনের ওপরে পূর্ণ রূপে নিষেধাজ্ঞা জারী করে দিয়েছেন! যদিও অস্ট্রেলিয়ার নির্মাণ, বন, খনি এবং ইঞ্জিনিয়ারিং সঙ্ঘ সেটার বিরোধিতা করেছে... কিন্তু এই প্রবাসী ভারতীয় দম্পতির বক্তব্য হচেছ এই যে, মাংসের সেবন পরিবেশ,

আর্থিকতা আর সমাজের ওপরে প্রতিকূল প্রভাব বিস্তার করে! নিরামিশাষী বা মাংসাহারী হওয়াটা পাঠকদের ব্যক্তিগত ব্যাপার... কিন্তু আমি আপনাদের যেটা বলতে চাইছি – সেটা হচ্ছে এই যে, জীবনে যদি সফল হতে হয়... তাহলে নিজেদের বিশ্বাসের ওপরে অটল হয়ে থাকুন! পঙ্কজ আর রাধিকা অস্ট্রেলিয়ার মাটিতে এক অত্যন্ত সুন্দর বাংলো তৈরী করছেন! ওনাদের সেই বাংলো বাড়ীর স্যুইমিং পুল গড়পড়তা অস্ট্রেলিয়ান বাড়ীগুলোর দালানের থেকে অন্ততঃ পক্ষে 10 গুণ বড়! আমার বক্তব্যের তাৎপর্য হচ্ছে এই যে, আপনাদের নিজেদের সিদ্ধান্ত, বিশ্বাস আর পছন্দ থাকা উচিত আর আপনদের কখনোই সেগুলোর সাথে সমঝোতা করা উচিত নয়! নিজেদের বিশ্বাসের প্রতি আপনাদের এই অটল হয়ে থাকাটাই আপনাদের সোনালী-সফল ভবিষ্যতের প্রতীক হয়ে উঠবে! আর যদি আপনাদের বিশ্বাস আপনাদের সফলতার পথে বাধা হয়ে ওঠে... তাহলে আপনারা যে কোন সময় সেটার ওপরে পুনরায় ভাবনা-চিন্তা করতে পারেন!

❑❑❑

07

জাপানী স্কুটার 'মিচ্'-য়ের সিদ্ধান্তে চলুন

কোন অত্যন্ত সফল ব্যক্তি নিজের কাজ অন্যদের থেকে কিছু আলাদা ভাবে সারেন! এই প্রক্রিয়ায় তিনি অন্যান্য সাধারণ লোকেদের থেকে নিজের এক আলাদা পরিচিতি গড়ে তোলেন... কারণ জীবনের প্রতিটি ক্ষেত্রে ওনার কার্যশৈলী ওনাকে অন্যদের থেকে আলাদা সারিতে দাঁড় করায়! জাপানের কিস্কো স্কুটার নির্মাতা কোম্পানী এই জিনিষটার এক সঠিক উদাহরণ! কিছুদিনের মধ্যেই টোকিয়োয় *'টোকিয়ো মোটরসাইকেল শো - 2010'*-য়ের আয়োজন হতে চলেছে! এই শোয়ে গোটা দুনিয়ার 100-রও বেশী কোম্পানী স্কুটার শ্রেণীতে নিজেদের উৎপাদনের প্রদর্শন করবে! এত বড় স্তরের আয়োজনে দর্শকদের আকর্ষিত করাটা এক অত্যন্ত বড় চ্যালেঞ্জ! এজন্য কিস্কো কোম্পানী এই মোটরসাইকেল শোয়ে দর্শকদের আকৃষ্ট করার এক নতুন পদ্ধতির প্রয়োগ করেছে! ওরা নিজেদের *'মিচ'* স্কুটারের ওপরে 100000 স্বরোভস্কী ক্রিস্টাল খচিত করেছে... যেটা গোটা দুনিয়ার লোকেরা অত্যন্ত বেশী পছন্দ করেন! এবার একটু কল্পনা করুন যে, লোকেরা কেন এই ক্রিটাল জড়িত স্কুটার দেখতে চাইবে না? যদিও আমি বা আপনারা কেউ সেই প্রদর্শনীতে যাচ্ছি না... তবুও আমরা 100000 স্বরোভস্কী ক্রিস্টাল খচিত সেই স্কুটারের কল্পনা তো করতেই পারি! এটাও সত্য যে, জাপানী কিস্কো কোম্পানী হোণ্ডা বা ইয়ামাহার মত বড় কোম্পানীর মোকাবিলা তো করতে পারবে না... কিন্তু তারা এই প্রদর্শনীতে আসা লোকেদের দৃষ্টি নিজেদের উৎপাদনের প্রতি অবশ্যই আকৃষ্ট করবে! এটা বাস্তবেই এক নতুন চিন্তাধারার প্রতীক! এই অদ্ভূত উদাহরণের নিস্কর্ষ হচ্ছে এটা যে, আপনারা যদি কোন ব্যবসায়িক আয়োজন করতে চলেছেন, যেখানে আপনারা নিজেদের সেবা বা উৎপাদন প্রদর্শিত করতে চলেছেন... তাহলে কিছু-না-কিছু এমন নতুনত্ব নিয়ে আসুন... যেটা লোকেদের আকৃষ্ট করবে আর আপনারা অপার সফলতা প্রাপ্ত করবেন!

❑❑❑

ভাগ - 02

08

অপার সফলতা প্রাপ্ত করার জন্য ব্যবসাতে অতুলনীয় চিন্তাধারা নিয়ে আসুন

ব্যবসা ছোট হোক্ বা বড়... সফলতা এক দিনে প্রাপ্ত হয় না! কিন্তু আজকের যুগের ছোট-বড় ব্যবসায়ীদের লম্বা লিস্ট দেখে এটা অত্যন্ত জরুরী হয়ে উঠেছে যে, আপনারা একেবারে নতুন কোন চিন্তাধারার সাথে ব্যবসা জগতে পদার্পণ করবেন... একমাত্র তাহলেই আপনারা সফলতা প্রাপ্ত করতে পারবেন! এখন প্রশ্ন এটা ওঠে যে, এমন নতুন চিন্তাধারা কোথা থেকে নিয়ে আসা হবে? এই প্রশ্নের উত্তর অত্যন্ত সরল – সকালে ঘুম থেকে তাড়াতাড়ি উঠুন, ধ্যান লাগান আর কয়েকটা মুহূর্ত একান্তে নিজের সাথে বিচার-বিমর্শ করতে লাগান! আপনাদের মনে কোন নতুন বিচারধারা এলে সেটাকে তৎক্ষনাত একটা কাগজে লিখে ফেলুন! এটা জরুরী নয় যে, আপনাদের মনে একটা-দুটো বিচারধারাই আসবে... সেগুলোর সংখ্যা 20, 50 বা 100-ও হতে পারে! আপনাদের কেবল সেগুলো লিখে চলতে হবে! সকালবেলার সময়টা এর জন্য সব থেকে বেশী উপযুক্ত হয়! সকল বিচারধারা লিখে নেওয়ার পরে প্রতিটার ওপরে ধ্যান লাগান! সেগুলোর সমীক্ষা করুন আর সেগুলোর মজবুত পক্ষ দেখুন... কিন্তু তার সাথে-সাথে সেগুলোর দুর্বল পক্ষগুলোর ওপরেও দৃষ্টি দিন! যদি দুর্বল পক্ষের সংখ্যা বেশী হয়... তাহলে সেই বিচারধারা মন থেকে সরিয়ে দিন! এই প্রক্রিয়া প্রত্যেকটি বিচারধারার ক্ষেত্রে পুনরাবৃত্তি করুন! দিনের শেষে আপনারা এমন কোন-না-কোন অতুলনীয় বিচারধারা অবশ্যই পেয়ে যাবেন... যেটা আপনাদের ভাগ্য বদলে দিতে পারে! লাগাতার ধ্যান লাগাতে থাকায় আপনাদের আত্মবিশ্বাস মজবুত হয়ে উঠবে এবং আপনাদের মধ্যে ঠিক আর ভুলের পার্থক্য বোঝার মত ক্ষমতার সৃষ্টি হবে! এই জিনিষটাকে মাথায় ঢুকিয়ে নিন যে, ব্যবসা ছোট হোক্ বা বড় – আপনারা তাতে সফল তখনই হবেন... যখন আপনাদের মধ্যে অন্যদের থেকে আলাদা কিছু করার ক্ষমতা থাকবে!

আজ থেকে দু মাস আগে আমার কাছে এক রিয়েল এস্টেট নির্মাণকর্তা এসেছিলেন... যিনি আমার সাথে বসে কিছু নতুন বিচারধারার ওপরে চিন্তন করতে চাইছিলেন! সত্যি কথা বলতে কি, এমন ধরণের কথাবার্তায় আমারও অত্যন্ত আনন্দ আসে... কারণ প্রেরণাবশতঃ আমার কল্পনাশক্তি আরও উঁচুতে উড়ে বেড়াতে থাকে! তারপর আমি যখন ধ্যানে বসে পড়ি... তখন আমার মনে নতুন-নতুন বিচারধারা আসতে থাকে... যেগুলো ওপর-ওপর দেখতে অত্যন্ত সাধারণ লাগলেও অত্যন্ত কার্যকরী হয়! উদাহরণ হিসেবে আমি সেই ভবন নির্মাণকর্তাকে এমন পরামর্শ দিলাম যে, উনি যদি উঁচু দামে লাক্সারী ফ্ল্যাট বিক্রী করতে চান... তাহলে উনি সেই সব লোকেদের ফ্ল্যাটের সাথে অফিস, শোরুম বা মলের জন্য স্হানও দিন... যাঁরা ফ্ল্যাটের জন্য টাকা-পয়সা নিবেশ করতে চান! আপনারাও যখন একাগ্র চিত্ত হয়ে ধ্যানে বসবেন... তখন আপনাদের মনে নতুন-নতুন বিচারধারা আসতে থাকবে! তবে ধ্যানে বসার আগে একটা কথা মাথায় রাখবেন যে, আপনারা যা কিছু করতে চলেছেন, সেটার ওপরে যেন আপনাদের পূর্ণ বিশ্বাস থাকে... একমাত্র তাহলেই সেই নতুন বিচারধারাকে ব্যবসায় প্রয়োগ করা সার্থক হবে!

নিজের পাঠকদের প্রেরিত করার জন্য আমি তাঁদের সাথে এক প্রবাসী ভারতীয় শ্রী সোনু শিবদাসানীর অভিজ্ঞতা ভাগ করে নিতে চাই! উনি অত্যন্ত বিলাসবহুল রিসর্টসের মালিক! অধিকাংশ ভারতীয় সোনুর ব্যাপারে বিশেষ কিছুই জানেন না... কারণ উনি নিজের জীবনের বেশীর ভাগ সময় বিদেশেই কাটিয়েছেন! এই কারণে লোকেরা এই অদ্ভূত ব্যক্তির ব্যাপারে খুব কমই জানেন! শুরুতে সোনু জেনেভা, লাগোস আর লণ্ডনে নিজের পারিবারিক ব্যবসার কাজ সঞ্চালন করতেন! কিন্তু আমার এমনটা মনে হয় যে, সেই কাজে ওনার মন কখনো লাগেনি! তারপর উনি নিজের স্যুইডিশ মূলের পত্নী ইভার সাথে হোটেল ব্যবসায় পা রাখার ব্যাপারে চিন্তা-ভাবনা করেন! এর জন্য উনি মালদ্বীপকে বেছে নেন! ভাবতে আপনাদের একটু আশ্চর্য লাগতে পারে যে, এমন এক ব্যক্তি হোটেল ব্যবসা কেন বেছে নিলেন... যে ব্যবসায় ওনার একটুও অভিজ্ঞতা ছিল না! অন্য লোকেদের মত উনিও বাজী ধরলেন... কিন্তু সফল হলেন না! কিন্তু সোনু হার না মেনে একটা দ্বীপ কন্ট্র্যাক্টে নিয়ে নিলেন! পাঠকেরা এই ব্যাপারে আমার সাথে নিশ্চয়ই একমত হবেন যে, এমন ব্যবসায় পয়সা লাগানো... যার ব্যাপারে বিন্দুমাত্র জ্ঞান নেই, অত্যন্ত কঠিন হয়! বিদেশের মাটিতে এক অজানা ব্যবসা শুরু করাটা অত্যন্ত ঝুঁকির ব্যাপার হয়! কিন্তু সোনুর মনে এমন কোন ভয় ছিল না আর মালদ্বীপ থেকে শুভারম্ভ করে এখনও পর্যন্ত উনি গোটা দুনিয়া জুড়ে এমন 20-টি বিলাসবহুল হোটেল স্হাপিত করেছেন! সম্প্রতি হিন্দুস্তান টাইমসের রবিবাসরীয় সংস্করণে শ্রী বীর সাংঘবী দ্বারা লেখা

ওনার ওপরে এক বিশেষ রচনা প্রকাশিত হয়েছিল! কেবলমাত্র ফোটো দেখেই শ্রী সোনু শিবদাসানীর হোটেলে যাওয়ার জন্য মন ছটফট্ করে ওঠে! ফোটোর দ্বারাই সেই সব হোটেলের সৌন্দর্যের আভাষ হয়ে পড়ে! সেগুলোকে অন্যান্য সাধারণ হোটেলগুলোর মত না লেগে আত্মার শান্তি প্রদান করা স্হান বলে মনে হয়! শ্রী সোনু শিবদাসানীর এই অপার সফলতার রহস্য হচেছ নতুন চিন্তাধারা আর সেটার প্রয়োগ এবং এই ব্যাপারে শ্রী শিবদাসানী সফল হয়ে উঠেছেন! শ্রী বীর সাংঘবী-র মতানুসারে সোনুর সিদ্ধান্ত এজন্য কার্যকরী হয়ে উঠেছিল... কারণ উনি লোকেদের সামনে সুবিধার এক আলাদা চিন্তাধারা পেশ করেছিলেন! নিজেদের ব্যবসা ক্ষেত্রে নতুন চিন্তাধারা আপনাদের সফলতার পরীর দেশে নিয়ে যাবে!

এমনই এক কাহিনী হচেছ 26 বছর বয়স্ক হরি শংকরের... যিনি ছোটবেলা থেকেই কম্প্যুটার গেমসের প্রতি পাগল ছিলেন! উনি মেকানিক্যাল ইঞ্জিনিয়ারিং পড়েছিলেন! তার সাথে-সাথে উনি কম্প্যুটার প্রোগ্রামিং-য়ের প্রশিক্ষণও নিতে থাকেন! কম্প্যুটার ইঞ্জিনিয়ারিং-য়ের ছাত্র-ছাত্রীদের জন্য কোডস্ লিখতে ওনার খুবই মজা আসত! হরি শংকর স্কুল জীবনে অত্যন্ত দুষ্টু ছিলেন! সেটাকে উনি নিজের এক গুণ হিসেবে মনে করতেন... যেটা কম্প্যুটার গেমস্ তৈরী করার ব্যক্তির পক্ষে অত্যন্ত আবশ্যক হয়! শুরু থেকেই হরি শংকরের মনে নিজের কার্যক্ষেত্রের প্রতি নতুন-নতুন বিচারধারা আসতে থাকে আর এখন উনি সাহসিক কার্যকলাপ আর এ্যাকশনে ভরপুর *'স্কাই ফাই'* নামক এক নতুন কম্প্যুটার গেম তৈরীতে ব্যস্ত হয়ে রয়েছেন... যেটা ওনাকে অবশ্যই অতুলনীয় সফলতা প্রদান করবে! এমনই রোচক কাহিনী শ্রী অজয় জয়পালের... যিনি 2000 সালে ইলিনিয়সে অবস্হিত মোটোরোলা হেড কোয়ার্টার থেকে সামার ইন্টার্নশিপ করেছেন! সেই সময় উনি মোবাইল মীডিয়ার ক্ষেত্রে অত্যন্ত ভালো সম্ভাবনা দেখতে পান আর 2008 সালের মে মাসে উনি সিঙ্কুঅফিয়্যাকের ভিত্তি স্হাপন করেন! উনি দিনের মধ্যে 16 থেকে 18 ঘন্টা কড়া মেহনত করেন এবং উনি প্রচুর অর্থ আর সফলতা অর্জন করে নিয়েছেন! এসবই হচেছ মোবাইল এ্যাপ্লিকেশনের ক্ষেত্রে ওনার নতুন চিন্তাধারার ফসল! আজ গোটা বিশ্ব জুড়ে যুবা প্রজন্মের এক বিরাট বড় সংখ্যা মোবাইল এ্যাপ্লিকেশনের ক্ষেত্রে ভালোমতন অর্থ আর খ্যাতি অর্জন করছেন এবং তাঁদের মধ্যে প্রত্যেকেই এই জিনিষটার কৃতিত্ব নতুন চিন্তাধারা আর সেটাকে প্রয়োগ করাকেই দেন! এই প্রকার শ্রী রোহিত সিংঘল নিজের কেরিয়ার এক রেডিয়োলোজিস্টের রূপে শুরু করেন আর পরে তিনজন লোকের সাথে মিলে এক গ্যারাজে ওয়ার্ক স্টেশনের স্হাপনা করেন! গত তিন বছরে ওনার কোম্পানী এ্যাপল, ফেসবুক এবং অন্যান্য আরও নামী কোম্পানীর

জন্য মোবাইল এ্যাপ্লিকেশন তৈরী করেছে! রোহিতের সফলতার কাহিনী আমাদের অনেক পাঠকদের প্রেরিত করে তুলবে... কারণ এক রেডিয়োলোজিস্ট থেকে মোবাইল এ্যাপ্লিকেশন ডেভেলপার পর্যন্তের সফর কেবলমাত্র এজন্য সম্ভব হতে পেরেছে... কারণ ওনার কাছে নতুন চিন্তাধারা ছিল!

নতুন-নতুন পদ্ধতি চিন্তা করা আর সেগুলোকে ক্রিয়ান্বিত করা অত্যন্ত পরিশ্রমের কাজ! আমার সেই সময়টার কথা বেশ ভালোমতন মনে আছে যে, যখন প্রসিদ্ধ বলিউড অভিনেতা ঋত্বিক রোশন ওনার এক ফিল্ম *'কাইটস্'*-তে প্রথম বার গান গান! এই ফিল্মে উনি একটা গান গেয়েছিলেন... যেটার জন্য উনি দিন-রাত অভ্যাস চালিয়ে গেছেন! উনি এক সাক্ষাৎকারে বলেছেন যে, উনি সকালে সরগম দিয়ে শুরু করতেন আর সারাটা দিন সুরের সাধনা চালিয়ে যেতেন এবং তারপর উনি সফলতা অর্জন করেন! এটা মনে রাখবেন যে, আপনারা যদি জীবনে সফলতা প্রাপ্ত করতে চান... তাহলে নতুন চিন্তাধারা আর কড়া মেহনতই আপনাদের সেই সফলতা প্রদান করতে পারে!

সম্প্রতি স্টক এক্সচেঞ্জের ক্ষেত্রে ন্যু ইয়র্কের গ্রামর্সী পার্কের বার এ্যাণ্ড গ্রীল এক্সচেঞ্জ এক অত্যাধুনিক আইডিয়ার ব্যাপারে ভাবনা-চিন্তা করেছিল! এই হোটেলের মেন্যু কার্ডে আপনারা লাইভ স্টকের মূল্যের এক ঝলক দেখতে পাবেন! এক গ্লাস বীয়ারের দাম কত হবে? তারা এমনটা চিন্তা করেছিল যে, খাওয়া-দাওয়ার বস্তুর মূল্যকেও স্টক এক্সচেঞ্জের মত চাহিদা অনুসারে ওঠা-নামা করতে দেওয়া যাক! ম্যানহাটনের এই রেস্তোঁরার এই অদ্ভূত চিন্তাধারা সুপার হিট প্রমাণিত হয়েছে! স্টেমসেলের কাহিনীও এর সাথে অনেকটাই মেলে! দুনিয়ার কাছে এটা একেবারে নতুন এক সিদ্ধান্ত! ভারতেও অনেক কোম্পানী স্টেমসেল প্রোসেসিং ল্যাবস্ শুরু করেছে! এই প্রকারের ব্যবসা সফলতার খনি হয়... কারণ এতে নতুন চিন্তাধারা আর কড় মেহনতের সঙ্গম থাকে!

❑❑❑

09

অপার সফলতা প্রাপ্ত করার জন্য প্রথম প্রাথমিকতা – সুস্থ শরীর

আমার এখনও আমার স্কুল জীবনের সেই সব দিনগুলোর কথা খু-উ-ব ভালোমতন মনে আছে... যখন আমরা পাঠ্যপুস্তকে পড়তাম যে, স্বাস্থ্যই হচেছ সব থেকে বড় সম্পদ! কিন্তু সেই সময় সমস্ত বয়স্ক ব্যক্তি আর শিক্ষকদের দ্বারা বার-বার এই লাইনটার পুনরাবৃত্তি হতে থাকার কারণে এই প্রবাদবাক্যটা আমার কাছে এক পুঁথিগত লাইন বলেই মনে হত! কিন্তু জীবনের পথে একটার-পর-একটা বছর কাটিয়ে এগিয়ে চলার সময় এই প্রবাদবাক্যটার সত্যিকারের অর্থ আমি বুঝতে পারি! এখন তো আমার মনে এমন ধারণা পাক্কা হয়ে পড়েছে যে, জীবনে সফলতা প্রাপ্ত করার জন্য আপনাদের হৃষ্টপুষ্ট হওয়াটাই হচেছ প্রথম প্রাথমিকতা! একটু ভেবে দেখুন, যদি আপনাদের শরীর আপনাদের সহযোগ না করে... তাহলে কি আপনারা জীবনে সফল হতে পারবেন? আপনারা কি নিজেদের কার্যক্ষেত্রে কড়া মেহনত করতে পারবেন? একটু কল্পনা করুন – আপনারা অসুস্থ অবস্থায় হাসপাতালের বেডে শুয়ে রয়েছেন... সেই অবস্থায় আপনারা সফলতার ব্যাপারে তো স্বপ্নেও চিন্তা করতে পারবেন না! আপনাদের কাছে পর্যাপ্ত অর্থ রয়েছে... যেটা দিয়ে আপনারা নতুন কোন ব্যবসা শুরু করতে পারেন আর ভালোমতন অর্থও উপার্জন করতে পারেন... কিন্তু আপনাদের শরীর-স্বাস্থ্যই যখন আপনাদের সহযোগ করবে না, তখন আপনারা নিজেদের সেই অর্থের ওপরে নিয়ন্ত্রণ কি ভাবে রাখবেন? সেই অর্থের আনন্দ উপভোগ করতে পারাটাও আপনাদের পক্ষে সম্ভব হবে না! তাই নিজের পাঠকদের ভালোর জন্য আমি এমনটাই বলতে চাইব যে, জীবনের প্রতিটি কার্যক্ষেত্রে নীরোগ শরীর অত্যন্ত গুরুত্বপূর্ণ হয় আর আপনারা আমাকে বিশ্বাস করতে পারেন – আমি জীবনে অনেক গন্যমান্য ব্যক্তিদের খুব কাছ থেকে দেখেছি আর তাঁদের প্রত্যেকের ক্ষেত্রেই সফলতার প্রথম সিঁড়ি সু-স্বাস্থ্য দিয়েই শুরু হয়েছে!

আপনাদের মধ্যে প্রায় সকলেই নিজেদের মাতা-পিতা আর পরিবারের বয়স্ক ব্যক্তিদের থেকে সু-স্বাস্থ্যের গুরুত্বের ব্যাপারে তো অবশ্যই শুনে থাকবেন! কিন্তু সেই জিনিষটা আপনাদের সেই সীমা পর্যন্ত প্রভাবিত করতে পারেনি যে, আপনারা নিজেদের স্বাস্থ্যের দিকে দৃষ্টি দেওয়া শুরু করে দেবেন! যাক্‌গে, পুরোন ব্যাপার ছেড়ে দিন... যা হয়েছে, ভুলে যান! আজকের ব্যাপারে আর ভবিষ্যতের ব্যাপারে চিন্তা করুন এবং ভালো স্বাস্থ্যের সাথে নিজেদের উজ্জ্বল ভবিষ্যতকে সুনিশ্চিত করে নিন! এবার হয়তো আপনাদের মনে এমন প্রশ্ন উঠছে যে, তার জন্য কি করা উচিত? এই প্রশ্নের সমাধান হচ্ছে এই যে, সবার প্রথমে তো আপনারা এক সুস্থ আর প্রসন্নচিত্ত ব্যক্তিত্বের মালিক হয়ে উঠুন... এমন এক ব্যক্তিত্ব, যেটা প্রাণশক্তিতে ভরপুর হবে আর জীবনের পথে এগিয়ে চলার ভাবনা দ্বারা প্রেরিত হবে! এই সব কিছু নীরোগ শরীর দ্বারাই সম্ভব হবে! আপনাদের যদি কখনো মাথার যন্ত্রণা, মাইগ্রেন বা ব্লাড প্রেশারের জন্য ডাক্তারের কাছে যেতে হয়... তাহলে তার জন্য লজ্জিত হোন! নিজেদের পারিবারিক সদস্য বা বন্ধুদের সামনে লজ্জিত না হয়ে একান্তে বসে আত্ম-চিন্তন করুন! নিজেই এমন দৃঢ় সংকল্প নিন যে, আপনাকে পূর্ণ রূপে সুস্থ হয়ে উঠতে হবে আর তারপর সেই পথে এগিয়ে চলুন! বেশীর ভাগ পাঠকদের এমনটা মনে হতে পারে যে, কিছু সাধারণ সিদ্ধান্ত তাঁদেরকে সুস্থ করে তুলবে! সব থেকে গুরুত্বপূর্ণ সিদ্ধান্ত এটা মনের মধ্যে ঢুকিয়ে নিতে হবে যে, আপনাদের স্বাস্থ্যই আপনাদের ব্যক্তিত্বের বুনিয়াদ হয়! *'স্বাস্থ্যই সব থেকে বড় সম্পদ'* – এই উক্তির ওপরে গভীর বিশ্বাস রাখুন! এই মুহূর্তে যদি আপনাদের এই অমূল্য উক্তির ওপরে সম্পূর্ণ বিশ্বাস না থাকে... তাহলে সকাল থেকে রাত পর্যন্ত এই উক্তিটার পুনরাবৃত্তি সময়ে-সময়ে করতে থাকুন! স্বাস্থ্য মন্ত্রের নিরন্তর জপ দ্বারা এটা আপনাদের মনের মধ্যে সু-স্বাস্থ্যের গুরুত্বকে জাগ্রত করে তুলবে! এমনটা চিন্তা করুন যে, সু-স্বাস্থ্য ছাড়া আপনারা জীবনে কিছুই হাসিল করতে পারবেন না! এমনিতে আপনারা অনেক কিছু করতে পারেন! দুনিয়ার সমস্ত সুখ-সুবিধা কিনতে পারেন... কিন্তু স্বাস্থ্য আর খুশী কেনা চলে না! খুশীও সফলতা প্রাপ্তিতে গুরুত্বপূর্ণ ভূমিকা পালন করে! আর খুশী তখনই পাওয়া যাবে... যখন আপনারা সু-স্বাস্থ্যের অধিকারী হবেন! সুতরাং সুস্থ থাকার আর নিজেদের স্বাস্থ্যের দেখাশোনা করার রূপরেখা প্রস্তুত করতে লেগে পড়ুন এবং সেটাকে নিজেদের জীবন শৈলীতে উচ্চতম প্রাথমিকতা প্রদান করুন... একমাত্র তাহলেই সফলতা আপনাদের চরণ স্পর্শ করবে!

ভালো স্বাস্থ্যের রহস্য আর সিদ্ধান্ত হচ্ছে সেটা... যেটা আজ থেকে কয়েক লক্ষ বছর আগে ছিল এবং হয়তো আগামী কয়েক লক্ষ বছর ধরে সেটাই থাকবে! এর জন্য আবশ্যকতা হচ্ছে এই যে, আপনারা নিজেদের দিনের সূত্রপাত 30 - 45 মিনিটের পায়চারী, হাল্কা ব্যায়াম

আর যোগাভ্যাস দিয়ে করবেন! আপনাদেরও যদি অধিকাংশ লোকেদের মত এই জিনিষটা একা-একা আর নিয়মিত রূপে করা মুশ্কিল বলে মনে হয়... তাহলে এর দ্বিতীয় বিকল্প হচেছ – আপনারা জিমে যাওয়া শুরু করে দিন! আপনারা নিজেরা হয় জিমে যান অথবা নিজেদের বাড়ীতেই কোন ছোট জিম বানিয়ে নিন! আমাদের উদ্দেশ্য হচেছ কেবল শরীরকে সুস্থ রাখা! স্বাস্থ্য আপনাদের মনে আসতে থাকা ইতিবাচক এবং নেতিবাচক চিন্তাধারার ওপরেও অনেকটা নির্ভর করে! আপনাদের মনে বিভিন্ন প্রকারের চিন্তা আসতে থাকে... কিন্তু কোন সফল ব্যক্তি নেতিবাচক চিন্তাধারাকে নিজের ওপরে প্রভাব বিস্তার করতে দেন না! তাই নিরাশাবাদী চিন্তাধারাকে নিজেদের থেকে দূরে সরিয়ে রাখুন আর কেবলমাত্র ইতিবাচকই চিন্তা করুন! আপনাদের ইতিবাচক চিন্তাধারা আপনাদের ব্যক্তিত্বকে ফুটিয়ে তুলবে আর শেষে সফলতা আপনাদের হাতের মুঠোর মধ্যে হবে! ভালো স্বাস্থ্যের জন্য দ্বিতীয় নিয়ম হচেছ আপনাদের নিয়মিত ভোজন শৈলী! নিজেদের প্রাতঃরাশ, দুপুর আর রাতের ভোজন এক নির্দিষ্ট সময়ে নিন! এই সাধারণ নিয়ম আপনাদের ভালো স্বাস্থ্যের পক্ষে অত্যন্ত গুরুত্ব রাখে! আপনারা কি খান... সেটারও আপনাদের স্বাস্থ্যের ওপরে অত্যন্ত প্রভাব পড়ে! মাংসাহারী বা নিরামিশাষী হওয়াটা পাঠকদের ব্যক্তিগত মামলা হয়! যদিও আমার ব্যক্তিগত অভিজ্ঞতা এটা বলে যে, নিরামিশাষী ভোজন ভালো স্বাস্থ্যের জন্য বেশী উপযুক্ত হয়! বিশেষ করে যেসব ব্যক্তি সফলতার শীর্ষে আরোহণ করতে চান... তাঁদের তো নিরামিশাষী ভোজনই নেওয়া উচিত এবং তাজা ফল আর সব্জীর সাথে অল্প মাত্রায় মেওয়াও নেওয়া উচিত!

আজ থেকে 5 বছর আগের এক ঘটনার কথা আমার মনে পড়ে যাচেছ! আমার এক মক্কেল সকাল প্রায় 11.30-টার সময় আমার অফিসে এলেন! আমাদের ব্যবসার ব্যাপারে এক উদীয়মান যুবা শিল্পপতির সাথে দেখা করার ছিল... যাঁর কাছে অনেক নতুন বিচারধারা ছিল! বাস্তবে উনি অত্যন্ত বুদ্ধিমান ছিলেন... কিন্তু ওনার কাছে পর্যাপ্ত মাত্রায় অর্থ ছিল না! অন্য দিকে আমার সেই মক্কেল ততটা বুদ্ধিমান না হলেও ওনার কাছে ভালোমতন অর্থ ছিল! আমার এমনটা মনে হয়েছিল যে, যদি এই দুজনের সঙ্গম হয়ে পড়ে... তাহলে তার দ্বারা দুজনেই লাভবান হতে পারবেন! মীটিং-য়ের সময় ছিল সকাল 11-টা! আমার মক্কেল আধ ঘন্টা দেরীতে এলেন! আমি দেরীতে আসার কারণ জানতে চাইলে উনি বললেন যে, ওনার ব্লাড প্রেশার বেড়ে উঠেছিল! ওনার চোখে-মুখে ক্লান্তি আর নিরাশার ভাব স্পষ্ট ছিল! আমার মনে হল যে, এই অবস্থায় মীটিং করাটা সম্ভব হবে না! এজন্য আমি ওনাকে নিজের ব্লাড প্রেশার চেক্ করানোর পরামর্শ দিলাম! আমি যখন বাড়ী থেকে ব্লাড প্রেশার চেক্ করার মেশিন আনিয়ে ওনার ব্লাড প্রেশার চেক্ করলাম... তখন সেটা এতটা বেশী ছিল, যে পরিস্থিতিতে ডাক্তাররা

তৎক্ষনাত হাসপাতালে ভর্তি হওয়ার পরামর্শ দিয়ে থাকেন! একজন ব্যবসায়ীর প্রথম প্রাথমিকতা তাঁর ব্যবসা হয় আর আমার মক্কেলও এই সিদ্ধান্তে বিশ্বাস রাখতেন... কিন্তু স্বাস্থ্যের ব্যাপারে কি করা যায়? সবার প্রথমে তো আমি মীটিং ক্যানসেল করলাম আর তারপর আমার মক্কেলকে হাসপাতালে এ্যাডমিট করালাম! চিকিৎসার পরে ওনাকে হাসপাতাল থেকে বাড়ী পাঠিয়ে দেওয়া হল! এর 2 দিন পরে ওনার ফোন আমার কাছে এল আর উনি আবার একবার আমাকে সেই যুবা শিল্পপতির সাথে মীটিং ফিক্স করার অনুরোধ জানালেন! আমি ওনাকে বললাম যে, সেই শিল্পপতি অন্য এক ফায়নান্সারের সাথে কথাবার্তা পাকা করে নিয়েছেন! এই ঘটনা আজ থেকে 5 বছর আগের! এখন সেই যুবা শিল্পপতি... যাঁর কাছে নতুন-নতুন আইডিয়া ছিল, কিন্তু পর্যাপ্ত মাত্রায় অর্থ ছিল না... 50 কোটি টাকার মালিক! এই সব কিছু সেই যুবা শিল্পপতি আর সেই ফায়নান্সারের মিলনের কারণে সম্ভবপর হতে পেরেছিল আর তারপর বছরের-পর-বছর ধরে উনি সফলতার সিঁড়ি বেয়ে ওপরের দিকে উঠে চলেছেন! এই ঘটনা থেকে আমরা এই শিক্ষা পাই – এমনও হতে পারে যে, খারাপ স্বাস্থ্যের কারণে জীবনের কোন বড় সুযোগ আপনাদের হাতছাড়া হয়ে যেতে পারে... যেটা আপনাদের সফলতার শিখরে পৌঁছে দিতে পারত! তাই সর্বদা স্বাস্থ্যের প্রতি দৃষ্টি দিন আর নিজেদের জীবনে সেটাকে সর্বোচ্চ প্রাথমিকতা প্রদান করুন!

এটা সর্বদা মাথায় রাখবেন যে, স্বাস্থ্যের দেখাশোনা করার ব্যাপারটা যেন আপনাদের দিনচর্যায় নিয়মিত রূপে শামিল হয়ে থাকে... ঠিক যেমনটা ভোজন আর নিদ্রা! আমাদের বাকী সব জিনিষের মত স্বাস্থ্যের ব্যাপারটাও মাথায় রাখতে হবে, যাতে আমাদের সফলতার পথে খারাপ স্বাস্থ্য কখনো বাধা না হয়ে ওঠে!

শেষে আমি এটাই বলতে চাইব যে, আপনারা যদি জীবনে সফলতা প্রাপ্ত করতে চান... তাহলে নিজেদের স্বাস্থ্যের প্রতি সঠিক দৃষ্টি দিন! সকালের পায়চারী আর যোগাভ্যাসকে নিজেদের দিনচর্যায় শামিল করে নিন! আসুন... আমরা নিজেদের সফলতার জন্য যুগ-যুগ পুরোন *'স্বাস্থ্যই আসল সম্পদ'* মন্ত্রকে নিজেদের জীবনে শামিল করে নিই! এই মন্ত্রই হচ্ছে আপনাদের সফলতার চাবিকাঠি! আর এটাও মনে রাখবেন যে, আপনারা যখন ভালো স্বাস্থ্যের অধিকারী হয়ে ওঠেন... তখন আপনারা নিজেদের কার্যক্ষেত্রের সাথে যুক্ত অন্যান্য ব্যক্তি আর নিজেদের বন্ধু-বান্ধবদের কাছেও প্রেরণার উৎস হয়ে ওঠেন! সুতরাং নিজেদের জীবনে এই মন্ত্রকে গ্রহণ করুন আর সফলতাকে নিজের মুঠির মধ্যে নিয়ে আসুন!

❑❑❑

ভাগ - 03

10

দৃঢ় নিশ্চয়তা দ্বারা অভূতপূর্ব সফলতা প্রাপ্ত করুন

আমি নিজের যুবা বন্ধু আর বিশেষ করে স্কুলের ছাত্রদের এটা বলতে চাই যে, তাদের মনে দৃঢ় নিশ্চয়তা থাকা উচিত! *'নিশ্চয়তা'* হচেছ এমন এক শব্দ... যেটা আপনাদের পুরো জীবনকে বদলে দিতে পারে! আজ ভারতীয় ছাত্র-ছাত্রীদের সামনে এক দিকে যেমন বড়-বড় চ্যালেঞ্জ রয়েছে... অন্য দিকে তাদের সামনে ভরপুর সুযোগও রয়েছে! এই সব চ্যালেঞ্জের মোকাবিলা করা একমাত্র তখনই সম্ভব হতে পারবে, যখন আপনাদের লক্ষ্য পাক্কা হবে! যুবা আর ছাত্র-ছাত্রী – দুজনের পক্ষেই উজ্জ্বল ভবিষ্যতের চাবিকাঠি তাদের দৃঢ় নিশ্চয়তাই হয়! ডিজনীল্যাণ্ডের সংস্থাপক ওয়াল্ট ডিজনীর একটা কথা আমার মনে অত্যন্ত ছাপ ছেড়ে গেছে! উনি বলতেন – *"আপনারা যদি স্বপ্ন দেখতে পারেন... তাহলে আপনারা নিজেদের সেই স্বপ্নকে সাকার করে তুলতেও পারবেন!"* আমি এমনটা আশা করি যে, এখনকার স্কুলের ছাত্র-ছাত্রীরা ওয়াল্ট ডিজনীর এই উক্তি থেকে প্রেরণা প্রাপ্ত করে পরীক্ষায় ভালো নম্বরের সাথে পাশ হওয়ার ব্যাপারে ভাবনা-চিন্তা করবে আর সেই ব্যাপারে প্রচেস্টাও করবে!

আমার এক প্রকাশক বন্ধু শ্রী পীযূষ কুমার সম্প্রতি চেন্নাইয়ের এক যুবতীর জীবনের এক ঘটনার ব্যাপারে শোনেন! সেই যুবতী এক দুর্ঘটনায় নিজের দুটি হাতই হারিয়ে ফেলেছিলেন! এই প্রকার বিকলাঙ্গ হয়ে পড়ার পরেও সেই যুবতী বোর্ড পরীক্ষায় ভালো নম্বর পাওয়ার লক্ষ্য নির্দিস্ট করেন! পরীক্ষায় উনি 98% শতাংশ নম্বর প্রাপ্ত করেন আর এর পেছনের রহস্য এটা ছিল যে, বিপরীত পরিস্থিতিতেও উনি দৃঢ় নিশ্চয় হয়ে ছিলেন! সম্প্রতি সেই যুবতী ভারতের প্রাক্তণ রাষ্ট্রপতি ডাঃ আব্দুল কলামের সাথে দেখা করার সৌভাগ্য প্রাপ্ত করেন! সেই যুবতী এখন নূতন দিল্লীর হিন্দু কলেজে পড়ছেন! ওনার হাসিভরা মুখ গোটা কলেজে অত্যন্ত জনপ্রিয় হয়ে উঠেছে! ওনার মনের ইচছা হচেছ, উনি

সংযুক্ত রাষ্ট্রে সংযোজকের রূপে কাজ করবেন! আমার দৃঢ় বিশ্বাস যে, নিজের এই দৃঢ় নিশ্চয়তার কারণে উনি নিজের এই লক্ষ্যে অবশ্যই সফল হবেন! ভারত মাতার মহান পুত্র স্বামী বিবেকানন্দ সর্বদাই এমনটা বলতেন – *"কখনোই নিজেকে দুর্বল ভাববেন না!"* আপনারা দয়া করে নিজেদের জীবন পথে স্বামী বিবেকানন্দের এই উক্তির অনুসরণ করার চেষ্টা করুন... সফলতা আপনাদের হাতের মুঠোর মধ্যে হবে! 1970 সালে আমি যখন 20 বছরের যুবক ছিলাম, সেই সময় লায়ন্স ইন্টারন্যাশনালের পক্ষ থেকে আমেরিকার আটলান্টা শহরে আয়োজিত হতে চলা *'ওয়ার্ল্ড ইউথ কংগ্রেস'*-তে ভারতের পক্ষ থেকে অংশ গ্রহণ করার জন্য এক যুবা প্রতিযোগী বেছে নেওয়ার জন্য এক প্রতিযোগিতার আয়োজন করা হয়েছিল! আমিও সেই প্রতিযোগিতার ব্যাপারে জানতে পারি আর তাতে অংশ নেওয়ার ব্যাপারে ভাবনা-চিন্তা করি! নিজের দৃঢ় নিশ্চয়তা আর ঈশ্বরের অসীম কৃপায় আমি সেই প্রতিযোগিতায় নির্বাচিত হই এবং পুরো একটা মাস আমি আমেরিকা আর ইংল্যাণ্ডে কাটাই! সর্বদা এটা মনে রাখবেন যে, নিজেদের ছাত্র জীবনে দৃঢ় নিশ্চয়ী হলে আপনাদের ভবিষ্যৎ জীবন উজ্জ্বল হয়ে উঠবে আর আপনাদের জীবনে সন্তুলনও বজায় থাকবে! এই প্রকার আমার আজও মনে আছে যে, *'ইংরাজী ভাষণ প্রতিযোগিতা'*-তে রূপোর কাপ জেতার আমার প্রচণ্ড ইচ্ছা ছিল! সেই সময় আমার ইংরাজী জ্ঞান তেমন একটা ভালো ছিল না... তবুও নিজের দৃঢ় নিশ্চয়তার জোরে আমি এমনটা করে দেখিয়েছিলাম আর ক্লাস নাইনের *'ইংরাজী ভাষণ প্রতিযোগিতা'*-তে আমি প্রথম স্থান অধিকার করেছিলাম!

যুবা প্রজন্মকে আমি সময়ের সম্মান করার পরামর্শও দিতে চাইব! চলে যাওয়া সময় কখনো ফেরত আসে না! বেঞ্জামিন ফ্র্যাঙ্কলিন বলতেন – *"চলে যাওয়া সময় ফিরে আসে না আর আমরা যেটাকে পর্যাপ্ত সময় বলে মনে করি, শেষে সেটা কমই প্রমাণিত হয়!"* এজন্য সময়ের সঞ্চয় আর সদুপয়োগ করুন... সময় আর অর্থ কখনো বর্বাদ করবেন না! ছোট থেকেই নিজের ভেতরে সঞ্চয়ের অভ্যাস গড়ে তুলুন! বেঞ্জামিন ফ্র্যাঙ্কলিন বলতেন – *"আমার আবিষ্কারের জন্য আমাকে এতটা কৃতিত্ব দেবেন না!"* বর্তমান সময়ে প্রতিটি জিনিষের প্রয়োগ করুন... কিন্তু বর্বাদী এড়িয়ে চলুন – তা সেটা সময় হোক্ বা অর্থ!

নিজের যুবা বন্ধুদের আমি আরও একটা ছোট্ট জিনিষ জানাতে চাই যে, আপনারা যখনই নিজেদের জন্মদিনের কেক কাটবেন, সেটার একটা টুকরো কোন গরীব বাচ্চাকে অবশ্যই দিন... যে হয়তো এমন সুযোগ নিজের জীবনে কখনো পায়নি! এই ছোট্ট, কিন্তু ভালো কাজ দ্বারা আপনাদের নিজেদের জন্মদিনের এক অলৌকিক আনন্দ প্রাপ্তি হবে! রাতে ঘুমোতে যাওয়ার আগে প্রার্থনা করতে কখনো ভুলে যাবেন না আর সকালে ঘুম থেকে উঠে সবার আগে বড়দের আশীর্বাদ নিন! আমি

আপনাদের সকলকে ভবিষ্যতের জন্য শুভ কামনা জানাচ্ছি আর এমন আশা করছি যে, আপনারাও নিজেদের বিচারধারা আমাকে পাঠাতে থাকবেন! আপনারা আমাকে slakhotia@satyam.net.in-তে ই-মেলও করতে পারেন!

প্রতি দিন আপনাদের মনে ব্যবসা সংক্রান্ত নতুন-নতুন চিন্তাধারা আসতে থাকে... যেগুলো ব্যবসার ক্ষেত্রে আপনাদের সফলতার স্বাদ চাখায়! আপনাদের যদি নিজেদের কোন ব্যবসা না থাকে আর আপনারা যদি জীবনে নতুন কিছু করতে চান... তাহলে এটাই হচ্ছে এক জায়গায় বসে নতুন ব্যবসার ব্যাপারে ভাবনা-চিন্তা করার একেবারে সঠিক সময়! হাতে হাত রেখে বসে থাকলে ব্যবসা জগতে আপনারা কিছুই হাসিল করতে পারবেন না! আপনাদের যদি সফলতা প্রাপ্ত করার ইচ্ছা থাকে... তাহলে একটা দিনও চুপচাপ বসে থাকাটা বিরাট বড় পাপ হবে! আমি আপনাদের আই.আই.টি.-র এক ছাত্রের কাহিনী শোনাতে চাইছি! সেই 22 বছরের নবযুবক মাস্টার ইন্ ম্যাথমেটিক্স আর কম্প্যুটিং-য়ের অন্তিম বর্ষের ছাত্র ছিলেন! ওনার মনে ব্যবসা করার এক নতুন চিন্তাধারা আসে আর যেটা অত্যন্ত সফলও হয়! উনি ফোকট কপি নামে ছাত্র-ছাত্রীদের ফ্রী-তে ফোটোস্ট্যাট কপি প্রদান করার সেবা শুরু করেন! আপনারা হয়তো এমনটা ভাবছেন যে, এটা তো সম্পূর্ণ রূপে সমাজ সেবা! ওনার এই কুশল প্ল্যানের পেছনে রহস্য এটা ছিল যে, যে পৃষ্ঠায় বিদ্যার্থীদের উনি নিজের মডেল থেকে ফ্রী-তে ফোটো কপি দিতেন, সেই পৃষ্ঠার পেছনে সেটার একটা বিজ্ঞাপনও থাকত! এই কাজটা দিল্লীতে মাত্র 6 মাস আগেই শুরু হয়েছে আর সেটা সফলও হয়েছে... কারণ ইতিমধ্যেই প্রায় 4 লক্ষ ফোটো কপি দিল্লীর বিভিন্ন কলেজে পৌঁছে গেছে আর এখন সেই নবযুবক নিজের মডেলকে দেশের বাকী অংশগুলোয় পৌঁছে দেওয়ার ব্যাপারে ভাবনা-চিন্তা করছেন! তাই আপনারাও এক নতুন আইডিয়া ভাবুন... যেটা ভবিষ্যতে আপনাদের সফলতার কাহিনী লিখবে!

কখনোই মনে এমন চিন্তা আনবেন না যে, ব্যবসা শুরু করার জন্য অনেক কিছু জোগাড় করার আবশ্যকতা হয়! সাধারণতঃ যুবা প্রজন্মের মধ্যে এমন এক ধারণা রয়েছে যে, যদি আপনার কাছে ব্যবসায় লাগানোর মত প্রচুর অর্থ না থাকে... তাহলে আপনার পক্ষে ব্যবসা করাটা কখনোই সম্ভব হবে না! এমন ধারণা সম্পূর্ণ ভুল! একটু পিলগেট আর স্টীভ জব্সের ওপরে দৃষ্টি দিন... যাঁরা নিজেদের কেরিয়ার এক গ্যারাজ থেকে শুরু করেছিলেন আর মাইকেল ডেন নিজের কাজ একটা ছোট্ট কামরায় শুরু করেছিলেন... কিন্তু নিজেদের নতুন আর অদ্বিতীয় চিন্তাধারার জোরে ওনারা খুব অল্প সময়ের মধ্যেই সফলতার শীর্ষে পৌঁছে গিয়েছিলেন! এই প্রকার নতুন আইপডও বর্তমান মার্কেটে নিজের প্রভুত্ব কায়েম করে নিয়েছে! এখানেও সমস্ত খেল্ নতুন

চিন্তাধারার! ব্যবসায় সফল হওয়ার জন্য স্বামী প্রণবানন্দও আমাদের পক্ষে প্রেরণার উৎস হয়ে রয়েছেন! উনি হচ্ছেন এক আধ্যাত্মিক গুরু এবং ভিক্ষু... যিনি ফ্যাশন জগতে কার্যরত হয়ে রয়েছেন! ওনার কোম্পানী জি. এফ. টেক্সটাইল্স প্রা. লি. আজ 20-টি গ্লোবাল ব্রাণ্ডসের প্রয়োজন পূরণ করে! সম্প্রতি এই আধ্যাত্মিক গুরুকে আন্তর্জার্তিক ফ্যাশন ট্রেড শো-য়ের সমাপ্তি অনুষ্ঠানে দেখতে পাওয়া গিয়েছিল... যেখানে উনি ধুতি পরেছিলেন আর গায়ে একটা শাল জড়িয়ে রেখেছিলেন! কিছুদিন আগেই গুড়গাঁও-তে মেদন্তা মেডিসিটির উদ্ঘাটন হয়... যেটা 43 একর জমির ওপরে ছড়িয়ে রয়েছে এবং যেটা সুপ্রসিদ্ধ হৃদয় রোগ বিশেষজ্ঞ ডাঃ নরেশ ত্রেহনের পথ প্রদর্শন প্রাপ্ত! এই 14 তলা বিশাল হাসপাতালে 1500 বেড, 45 অপারেশন থিয়েটার এবং 1000 ডাক্তারের এক বিশাল টীম রয়েছে! মেডিসিটি চিকিৎসা ক্ষেত্রে এই স্হান নতুন আর বিশাল চিন্তাধারার জন্যই প্রাপ্ত করেছে! ব্রিটিশ শিল্পপতি জেমস্ লেফীলের কাছেও প্রচুর সংখ্যায় নতুন চিন্তাধারা ছিল... কিন্তু অর্থাভাবের কারণে অতিষ্ট হয়ে উঠে উনি এক বিজনেস মডেলের প্রয়োগ করেন! এখন সেটার মার্কেট মূল্য হচ্ছে 10 মিলিয়ন পাউণ্ড! বর্তমানে 36 বছর বয়স্ক জেমস্ লেফীলের একটা নয়... তিন-তিনটে বিজনেস রয়েছে আর সেগুলো সব ক'টাই লাভদায়ক প্রমাণিত হয়েছে! এই নতুন চিন্তাধারা ওনার মনে সেই সময় এসেছিল... যখন একদিন উনি সাইকেল চালাচ্ছিলেন! এখন লেফীল্ড প্রতিটি নিবেশকের নিবেশের ওপরে 10:-য়ের ঝুঁকি নিজে ওঠান... যাতে ভবিষ্যতে আরও বেশী সংখ্যক নিবেশক আকৃস্ট হন!

সন্দীপ মাহেশ্বরীর নতুন চিন্তাধারাও আপনাদের অবশ্যই প্রেরিত করে তুলবে! এক ফোটোগ্রাফার থেকে শিল্পপতি হয়ে ওঠা সন্দীপ মাহেশ্বরী ভারতীয় বিজ্ঞাপন জগতের জন্য রেডিমেড ফোটোর ষ্টক নিজের কাছে রাখেন! উনি এমনটা অনুভব করেছিলেন যে, 1.5 বিলিয়ন আমেরিকান ডলারের ষ্টক ফোটোগ্রাফী শিল্পের কোন স্হান ভারতবর্ষে নেই... এজন্য উনি 2006 সালে কেবল 14,600 ফোটোর imagesbazar.com কিনে নেন! আজ এই সাইটে 8 লক্ষেরও বেশী ফোটো পাওয়া যাচ্ছে... যেগুলো লোকেরা কিনতে আর ডাউনলোড করতে পারেন! এটা হচ্ছে গোটা দুনিয়ায় ফোটোর সব থেকে বড় ভাণ্ডার! মাত্র 5 বছরের মধ্যেই দুনিয়ার 42-টি দেশের 6000 ব্রাণ্ড এই ওয়েবসাইটের সাথে যুক্ত হয়ে পড়েছে! সন্দীপ মাহেশ্বরীর উদাহরণ সফলতা প্রাপ্তির ক্ষেত্রে সত্যিই প্রেরণার উৎস!

❑❑❑

11

ক্ষমাশীল হোন

কোন অত্যন্ত সফল ব্যক্তির সব থেকে বড় গুণ তাঁর সর্বদা ক্ষমাশীল হয়ে থাকা হয়! আপনারাও নিজেদের ভেতরে ক্ষমা করার গুণ অবশ্যই সৃষ্টি করুন! মাদার টেরেসার নীচের উক্তিগুলো আপনাদের পক্ষে প্রেরণার উৎস হয়ে উঠবে ঃ-

সাধারণতঃ কোন ব্যক্তি অসঙ্গত, মূর্খ আর স্বার্থপর হন! আপনারা তবুও তাঁদের ক্ষমা করে দিন! এমনও হতে পারে – লোকেরা হয়তো এমনটা ভাববেন যে, এর মধ্যে আপনাদের কোন স্বার্থ লুকিয়ে আছে... তবুও আপনারা তাঁদের ক্ষমা করে দিন! আপনারা যদি এই কাজে সফল হয়ে ওঠেন... তাহলে আপনারা নিজেদের কিছু ধোঁকাবাজ বন্ধু আর পাক্কা শত্রুদের নিশ্চয়ই খুঁজে পাবেন!

আপনারা যদি সৎ আর স্পষ্টবাদী হন... তাহলে লোকেরা আপনাদের সাথে ধোঁকাবাজী করবে! তবুও আপনারা নিজেদের এই গুণ ত্যাগ করবেন না! কেউ হয়তো রাতারাতি আপনাদের কোন ভালো কাজ ভণ্ডুল করে দেওয়ার চেস্টা করবে... তবুও আপনারা প্রচেস্টা চালিয়ে যান! এমনটাও হতে পারে যে, আপনাদের নির্মলতা আর প্রসন্নতায় লোকেরা আপনাদের প্রতি হিংসায় জ্বলে-পুড়ে মরবে... তবু আপনারা প্রসন্ন হয়ে থাকুন!

আপনাদের দ্বারা আজ করা কোন ভালো কাজ আগামী কাল লোকেরা হয়তো ভুলে যাবে... তবু আপনারা ভালো কাজ করা চালিয়ে যান! এমনটাও হতে পারে যে, অনেক বার আপনাদের পূর্ণ প্রচেস্টাও ব্যর্থ হয়ে পড়বে... কিন্তু আপনারা মেহনত করে চলুন! এমনটা ধরে নিন যে, এটা আপনাদের আর ঈশ্বরের মাঝের ব্যাপার... অন্য কেউ কখনো আপনাদের মাঝে ছিলই না!

❑❑❑

12

আপনার দয়ালু হৃদয়

দয়ালু হৃদয়ের ব্যক্তিরা জীবনে সর্বদা সফল হন! এজন্য আপনারাও নিজেদের মনে দয়া ভাব নিয়ে আসুন! দয়ার ভাবযুক্ত ব্যক্তি জীবনে সবার থেকে সম্মান প্রাপ্ত করেন! জীবনে অপার সফলতা প্রাপ্ত করার জন্য দয়ালু হওয়াটা অত্যন্ত জরুরী হয়! এতে ক্ষতি কিছু না হয়ে লাভই লাভ হয়! এজন্য জীবনে সর্বদা দয়া ভাবের সিদ্ধান্তে চলার চেষ্টা করুন!

❑❑❑

13

বাচ্চাদের অপার সফলতার মূল সিদ্ধান্ত শেখান

আপনারা যদি নিজেদেরকে নিজেদের কার্যক্ষেত্রে আর জীবনে এক সফল ব্যক্তি হিসেবে মানেন... তাহলে এবার নিজেদের অভিজ্ঞতা দ্বারা নিজেদের সন্তানদের মধ্যেও সেই কলা বিকশিত করার সময় এসে গেছে ! একমাত্র তাহলেই আপনাদের সফল হওয়া পূর্ণ রূপে সার্থক হবে ! ব্যবহারিক পদ্ধতিতে বাচ্চাদের সফলতার রহস্য শেখান !

যদি আপনাদের বাচ্চারা এখনও বয়সে ছোট হয়... তাহলেও তাদের জীবনে সফলতার গুরুত্বের ব্যাপারে জানাতে থাকুন ! বিশ্বাস করুন, আপনাদের দ্বারা বলা অমূল্য কথাগুলো তাদের ব্যবহারিক জীবনে ভালো গুণ বিকশিত করতে সহায়ক প্রমাণিত হবে ! এখন থেকে কড়া মেহনত, সততা আর সামাজিক মূল্যবোধ ইত্যাদির ব্যাপারে তথ্য তাদের শিরায়-শিরায় সফলতা হয়ে দৌড়তে লাগবে ! আপনারাও এটা মাথায় রাখবেন যে, আপনাদের বর্তমান সফলতা তখনই মূল্য পাবে... যখন আপনাদের সন্তানরাও নিজেদের জীবনে পুরোপুরি সফল হয়ে উঠবে !

❑❑❑

14

জিততে হলে কার্যের রূপরেখা প্রস্তুত করুন

টেনিস নক্ষত্র নিকোলয় দেভডেঙ্কো এমনটা মানেন যে, জীবনের কোন পরিস্থিতিই নিরাশাবাদী হয় না! আপনারা যদি জিততে চান... তাহলে আপনাদের নিজেদের কার্যের রূপরেখা প্রস্তুত করতে হবে! এখানে এটা বলাও আবশ্যক যে, 28 বছর বর্ষীয় নিকোলয় এক প্রতিভাশালী টেনিস খেলোয়াড় হওয়ার সাথে-সাথে নিজের কড়া মেহনতের জন্য উনি সুপরিচিত... কিন্তু ওনার কার্যক্ষমতা সত্যিই অতুলনীয়! জামার্নীর বাসিন্দা নিকোলয় দুনিয়ার বিভিন্ন দেশে ঘুরে-ঘুরে টেনিস প্রতিযোগিতায় অংশ গ্রহণ করেন! 2009 সালে উনি এটিপি ওয়ার্ল্ড ট্যুর ফাইনালের খেতাব হাসিল করেছিলেন আর 2010 সালের জানুয়ারী মাসে দোহায় অনুষ্ঠিত এটিপি ওয়ার্ল্ড ট্যুরে উনি বিজয়ী হন! উনি এই জিনিষটায় সম্পূর্ণ রূপে বিশ্বাস রাখেন যে, যদি জীবনে জিত হাসিল করতে হয়... তাহলে নিজেদের কার্যের রূপরেখা অবশ্যই প্রস্তুত করা উচিত! এই জিনিষটা সফলতা প্রাপ্ত করার ইচ্ছা রাখা প্রতিটি ব্যক্তির ক্ষেত্রেই প্রয়োজ্য হয়! আর যদি আপনাদের অপার সফলতা প্রাপ্ত করতে হয়, তাহলে আপনাদের নিজেদের কার্যের ক্রমবদ্ধ রূপে রূপরেখা প্রস্তুত করতে হবে!

এটা মনে রাখবেন যে, এই রূপরেখা আপনাদের নিজেদের কার্যক্ষেত্রে বিজয়ী করে তুলবে! এবার আপনাদের এক জায়গায় বসে সেই সব ক্ষেত্রের সূচী তৈরী করার সময় এসে গেছে... যেসব ক্ষেত্রে আপনারা সফল হতে চান! বিজয়ী তিনিই হবেন... যিনি অভূতপূর্ব সফলতা হাসিল করবেন! আর আপনারাও নিশ্চয়ই তেমনটাই করতে চান! হ্যাঁ, আপনারা তেমনটা অবশ্যই করতে পারবেন... তবে প্রথমে অত্যন্ত সতর্কতার সাথে কার্যের রূপরেখা প্রস্তুত করুন, সেটার বার-বার অবলোকন করুন আর তারপর দেখবেন – সফলতা আপনাদের হাতের মুঠোয় এসে গেছে!

❑❑❑

15

রাতে এজেণ্ডা বানান – আপনার সফলতার সিঁড়ি

এমারসন ছিলেন বিশ্বের মহান আবিস্কারকদের মধ্যে অন্যতম! ওনার এই প্রসিদ্ধি, সম্মান আর পরিচিতি আজকের নয়... বরং অনেক পুরোন আর আগামী ভবিষ্যতেও ওনাকে ঠিক এই ভাবেই স্মরণ করা হবে! এই মহাপুরুষ আমাদের বিদ্যুৎ ছাড়াও অসংখ্য এমন ছোট-বড় আবিস্কারের উপহার প্রদান করেছেন... যেগুলো আজও আমাদের জীবনকে সুবিধাজনক করে তোলে আর যেগুলোর প্রয়োগ আমাদের আগামী প্রজন্মও করে চলবে! একদিন এক ব্যক্তি এমারসনের কাছে ওনার এই সফলতার রহস্যের ব্যাপারে জানতে চান! এমারসন সংক্ষিপ্ত উত্তর দিয়ে বলেন – *"আমি প্রতি দিন রাতে ঘুমোতে যাওয়ার আগে পরের দিনের কাজের এজেণ্ডা প্রস্তুত করি আর পরের দিন সেই এজেণ্ডার ওপরে কাজ করি!"* বন্ধুরা, আপনারাও যদি এমারসনের থেকে প্রেরণা গ্রহণ করে নিজেদের জীবনে এই নিয়মের প্রয়োগ করেন... তাহলে আমি দাবী করতে পারি যে, আপনারাও নিজেদের মনের মত ক্ষেত্রে মনের মত সফলতা প্রাপ্ত করতে পারবেন!

এমনটা ধরে নিন যে, রাতের বেলায় পরের দিনের জন্য তৈরী করা এজেণ্ডা পরের দিন সকালে আপনাদের গোটা দিনের কার্যসূচীর ব্যবস্হাপনা করবে! রাতে একটা কাগজে *"কালকের কাজ"* লিখে রাখলে পরের দিন আপনাদের পুরো এনার্জী আর মনোযোগ সেই কাজের ওপরেই কেন্দ্রীভূত হয়ে থাকবে! রাতে তৈরী করা এজেণ্ডা আপনাদের সময় আর এনার্জী – দুটোরই সঞ্চয় করবে! সকালের প্রথম কিরণের সাথে-সাথে আপনারা সেদিন করতে চলা কাজগুলোর জন্য প্রস্তুত হন! আপনারা যদি এমনটা না করেন, তাহলে দিনের প্রথম দু ঘন্টা তো আপনারা সেদিন করতে চলা কাজগুলোর ওপরে চিন্তা-ভাবনা করতে গিয়েই নষ্ট করে ফেলবেন! আপনারা এই নির্ণয় গ্রহণ করতে নিজেদের সময় নষ্ট করে ফেলবেন যে, কোন্-কোন্

কাজগুলোকে প্রাথমিকতা দেওয়া উচিত! এতে আপনাদের সময় আর এনার্জী – দুটোই নস্ট হবে! জীবনে সফলতা প্রাপ্ত করার ইচ্ছা রাখা ব্যক্তিদের নিজেদের এনার্জী বাঁচিয়ে রাখা উচিত! আর এমনটা তখনই সম্ভব হবে, যখন আপনারা আগের দিন রাতে মনোযোগ সহকারে পরের দিনের এজেণ্ডা তৈরী করে নেবেন! এটা তৈরী করতে আপনাদের 5 থেকে 10 মিনিট সময়ই লাগবে... কিন্তু সেটা পরের দিন আপনাদের অনেকটা সময় বাঁচিয়ে দেবে! আগের দিন রাতে পরের দিনের এজেণ্ডা তৈরী করে নিলে আপনাদের দশ গুণ সময় বাঁচবে! আগের দিন রাতে পরের দিনের এজেণ্ডা বানিয়ে রাখলে এক দিকে যেমন রাতে আপনারা চাপমুক্ত অবস্হায় ভালো ভাবে ঘুমোতে পারবেন... তেমনি পরের দিন সকালে আপনারা তরোতাজা অবস্হায় ঘুম থেকে উঠবেন... কারণ পুরো দিনের কাজের রূপরেখা আপনাদের হাতে থাকবে... যেটা আপনারা আগের দিন রাতে তৈরী করে রেখেছিলেন!

সুব্যবস্হিত আর চাপমুক্ত দিনচর্যা দ্বারা আপনাদের কার্যক্ষমতা বেড়ে উঠবে! এজন্য এমারসনের মত মহান ব্যক্তির থেকে প্রেরণা গ্রহণ করে আগামী কালের কাজের সূচী আগের দিন রাতেই তৈরী করে নিন! সেটাকে এতটা সুনিশ্চিত করে নিন, যাতে সেই অভ্যাস আপনাদের শরীরের প্রতিটি শিরার মধ্যে ঢুকে পড়ে!

রাতে যখন আপনারা পরের দিনের কাজের এজেণ্ডা তৈরী করতে বসবেন... তখন কাগজ-পেন সাথে রাখবেন আর পরের দিনের সমস্ত গুরুত্বপূর্ণ কাজগুলোকে কাগজে নোট করে নেবেন! এই কার্যসূচী দ্বারা আপনারা পরের দিনের কাজগুলোর সহজ ব্যবস্হাপনা করতে পারবেন! দিনে 2 - 3 বার সেই এজেণ্ডা দেখুন... ব্যবহারিক দৃষ্টিতে এটা অত্যন্ত উপযোগী প্রমাণিত হবে! আমাদের এটা সর্বদা মাথায় রাখা উচিত যে, সারা দিনের গতিবিধিগুলো সুচারু রূপে সম্পন্ন করায় সময় এক বড় বাধা হয়... কারণ সেটা সীমিত হয়! কিন্তু আগের দিন রাতে পরের দিনের এজেণ্ডা তৈরী করে নেওয়ার অভ্যাস বৈজ্ঞানিক দৃষ্টিতে অত্যন্ত লাভদায়ক প্রমাণিত হবে! তাই আপনাদের মধ্যে যদি এই অভ্যাস এখনও না থেকে থাকে... তাহলে এখনই এই অভ্যাস তৈরী করে নিন... এতে আপনাদেরই ভবিষ্যৎ উজ্জ্বল হবে! আপনারা যখনই এই অভ্যাস দ্বারা সফলতার স্বাদ চাখবেন... সেই ব্যাপারে আমাকে অবশ্যই জানাবেন! আমার ই-মেল আই.ডি. slakhotia@stayam.net.in-তে আপনারা নিজেদের অভিজ্ঞতা অবশ্যই জানাবেন! আমার দৃঢ় বিশ্বাস যে, এই অভ্যাস আপনাদের জীবন শৈলীকে পরিবর্তন করে আপনাদের অপার সফলতা অর্জন করতে সহায়তা করবে!

এখানে এজেণ্ডার তাৎপর্য হচেছ এই যে, আপনারা শুধু লিখে চলবেন! সব কিছু মস্তিষ্ক আর মনের মধ্যে ঢুকিয়ে রাখার আবশ্যকতা কি? সেগুলো শুধু লিখে চলুন! এটাই হচেছ অপার সফলতার অব্যর্থ

মন্ত্র! এজেণ্ডা ছাড়া সাম্প্রতিক মীটিং-য়ের নিস্কর্ষ আর গুরুত্বপূর্ণ আলোচনার বিবরণও সংক্ষেপে লিখে রাখুন! এটা ভবিষ্যতে আপনাদের কাজে আসবে! এই প্রকার আপনারা যদি বড় কোন বিজনেস মীটিং-য়ে অংশ নিতে চলেছেন... তাহলে সেখানে যেসব বিষয়ে আপনারা আলোচনা করতে চান, সেগুলোও নোট করে রাখুন! সেই প্রকার আপনারা যদি কারো সহযোগে কাজ করতে চলেছেন... তাহলে স্পষ্ট করতে চলা বিষয়গুলোও লিখে রেখে দিন! আপনারা যদি কোন উৎপাদন বিতরণের দায়িত্ব নিতে চলেছেন... তাহলে চুক্তিতে লেখা শর্তগুলো আগে থেকেই নোট করে রাখুন! মীটিং-য়ের কাজকর্ম নোট করাটাও এক ভালো অভ্যাস হয়! এর বিবরণ যত শীঘ্র সম্ভব, নিজের সহযোগীদের পাঠান! এর দ্বারা শঙ্কা দূর হয় আর সব কিছু স্পষ্ট হয়ে ওঠে! আমার মনে আছে, আজ থেকে 2 মাস আগে, অনেক দিন পরে আমার সাথে আমার প্রকাশক শ্রী নরেন্দ্র বর্মার দেখা হয়! আমরা অনেকক্ষন ধরে অনেক ব্যাপারে আলোচনা করতে থাকি! সেটা আমাদের দুজনের পক্ষেই নিজেদের বিচারধারার আদান-প্রদান করার, নতুন পুস্তক তৈরী আর সেটার প্রকাশনের বিষয়ে আলোচনা করার এক ভালো সুযোগ ছিল! প্রায় 70 মিনিট ধরে আমাদের আলোচনা বিনা বাধায় চলতে থাকে! তারপর আমি বাড়ী ফিরে আসি! আমি এমনটা ভাবলাম যে, 1 - 2 দিনের ভেতরে আমি ওনার সাথে আলোচনা হওয়া সব কিছু লিখে রাখব! আমি নিজের দিনচর্যা থেকে নিবৃত্ত হওয়ার একটু পরেই এই দেখে অত্যন্ত আশ্চর্য হয়ে উঠি যে, শ্রী নরেন্দ্র বর্মা সেই 70 মিনিটের সম্পূর্ণ বিবরণ আমাকে ই-মেল করে পাঠিয়ে দিয়েছেন! আমাদের মধ্যে হওয়া প্রতিটি কথা অত্যন্ত স্পষ্ট রূপে তাতে লেখা ছিল... যার ফলে আমি অনেকটাই স্বস্তি অনুভব করলাম! আপনারা একটু কল্পনা করুন, যদি উনি আমাকে সেই ই-মেল না পাঠাতেন আর আমিও যদি সেগুলো লিখে রাখতে না পারতাম... তাহলে হয়তো কিছুদিন পরে কিছু জরুরী জিনিষ আমার মাথা থেকে বেরিয়ে যেত বা আমাদের মধ্যে পুস্তক প্রকাশনকে কেন্দ্র করে কোন ভুল বোঝাবুঝির সৃষ্টি হয়ে পড়ত বা অন্য কোন গড়বড় হয়ে পড়ত! আমি এমনটা মনে করি – *"মীটিং-য়ের কাজকর্ম"* এক অত্যন্ত ব্যবহারিক সিদ্ধান্ত হয়... যেটা আপনাদের ব্যবসার সফলতাকে বাড়িয়ে তুলতে পারে! এতে মীটিং-য়ে হওয়া সব কথা স্থায়ী রূপে নোট করা থাকে! তাই মীটিং-য়ের কাজকর্মের রেকর্ড রাখার অভ্যাস নিজের মধ্যে তৈরী করুন আর সেটা নিয়মিত রূপে করতে থাকুন! এই নিয়মিত প্রক্রিয়া এক দিন আপনাদের সফলতার স্বাদ অবশ্যই চাখাবে!

❑❑❑

16

নিজেকে চাপমুক্ত রাখুন... অপার সফলতা প্রাপ্ত করুন

যে কোন সফল ব্যক্তির নিজেকে মানসিক চাপের থেকে শত যোজন দূরে রাখা উচিত! আমি তো এমনটাই বলব যে, এই শব্দ তেমন ব্যক্তির শব্দকোষে থাকাই উচিত নয়! কিন্তু বিড়ম্বনা হচ্ছে এটা যে, নিজেদের কার্যক্ষেত্রের সফলতার পথে আপনাদের মানসিক চাপের মুখোমুখি হওয়াটা নিশ্চিত! এই সমস্যার একটাই সমাধান হচ্ছে এই যে, আপনারা মানসিক চাপকে গুরুত্ব প্রদান না করে সেই সব পদ্ধতি গ্রহণ করবেন... যেগুলো আপনাদের এই সমস্যার থেকে মুক্তি প্রদান করবে! আপনারা যদি জীবনে সফলতার শীর্ষে পৌঁছে যান... তাহলে নিশ্চিত রূপে আপনারা এমন রাস্তার সন্ধান করে নেবেন... যেগুলো আপনাদের মানসিক চাপের থেকে মুক্তি প্রদান করবে! এমনিতে তো মানসিক চাপের থেকে মুক্তি পাওয়ার কোন নির্দিষ্ট মাপদণ্ড হয় না... যেগুলো গ্রহণ করে আপনারা মানসিক চাপকে দূরে সরাতে পারবেন... কিন্তু এটাও সত্য যে, এই জিনিষটা প্রত্যেক ব্যক্তির নিজস্ব পছন্দের ওপরে নির্ভর করে! কারণ আপনাদের কোন কাজ ভালো লাগাটা আপনাদের মানসিক চাপমুক্ত করে তুলতে পারে আর না-ও করতে পারে!

এতে আপনাদের কেবল এইটুকু করতে হবে যে, আপনারা সেই সব জিনিষ বা পরিস্থিতিকে চিনে নেবেন... যেগুলো আপনাদের মানসিক চাপমুক্ত করে তোলে! তারপর যখনই আপনারা মানসিক চাপ অনুভব করবেন, যেমন – সময় মত কাজ শেষ করতে না পারার চাপ – সেই সময় সেই পরিস্থিতির আশ্রয় গ্রহণ করুন... যেগুলো দ্বারা আপনারা মানসিক চাপের থেকে মুক্তি পাবেন! এগুলো মানসিক চাপের মুহূর্তে প্রয়োগ করতে থাকুন আর প্রসন্নচিত্ত হয়ে থাকুন!

আপনাদের অন্তর্মনে এমন অনেক জিনিষ রয়েছে... যেগুলো আপনাদের

চাপমুক্ত করতে পারে! আপনাদের নিজেদের পছন্দ অনুসারে সেগুলোর মধ্যে থেকে দু-একটাকে বেছে নিতে হবে... যেগুলো আপনাদের মানসিক চাপের থেকে মুক্তি প্রদান করবে! যদি আপনাদের পরিবারে কোন ছোট বাচ্চা থাকে... তাহলে মানসিক চাপ দূর করার জন্য তার সাথে কম পক্ষে 15 মিনিট অবশ্যই কাটান! আধ্যাত্মিক প্রবৃত্তির ব্যক্তির মানসিক চাপের থেকে মুক্তি পাওয়ার জন্য প্রতি দিন কোন আধ্যাত্মিক পুস্তকের 1 - 2 পৃষ্ঠা পড়ার জন্য সময় বার করা উচিত! আপনারা যে পুস্তক পড়বেন, সেটা প্রেরণাদায়ক হওয়া উচিত... যাতে সেটা পড়ে আপনাদের মন শান্তি আর উৎসাহ প্রাপ্ত করে! প্রেরণায় ভরপুর কাহিনী আর মহান ব্যক্তিদের জীবনীও অবশ্যই পড়ুন – এগুলোও আপনাদের চাপমুক্ত করে তোলে! আপনাদের যদি সঙ্গীতের শখ থাকে... তাহলে সঙ্গীতও আপনাদের মানসিক চাপের মুহূর্তে স্বস্তি প্রদান করতে পারে! হাল্কা সঙ্গীত আপনাদের মানসিক চাপের থেকে মুক্তি প্রদান করবে! সুতরাং এই প্রকারের 3 - 4 জিনিষ আপনাদের দৈনন্দিন জীবনের চাপের থেকে মুক্তি প্রদান করার কাজে সহায়ক হবে! যদি সেগুলোর মধ্যে কোন পদ্ধতিই কার্যকরী প্রমাণিত না হয় আর আপনারা এমন দ্বিধার মধ্যে থাকেন যে, এবার তাহলে কি করা যায়... তাহলে আপনারা শুধু শান্তিতে চোখ বন্ধ করে পরম পিতা পরমেশ্বরের ধ্যান করুন! বিশ্বাস করুন, মাত্র 5 মিনিটের এই প্রক্রিয়া আপনাদের বড়-বড় চাপকেও দূরে সরিয়ে দেবে! নিশ্চিত রূপে আর ভালো ভাবে চাপমুক্ত হয়ে ওঠার জন্য আরাম করে বসে চোখ বন্ধ করে নিন আর 3 থেকে 5 মিনিট নিজেদের ইষ্টদেবতার ধ্যান করুন! যদি এই ব্যাপারটাকে কেন্দ্র করেও আপনাদের মধ্যে দ্বিধা থাকে যে, কোন্ দেবতার স্মরণ করা উচিত... তাহলে সেটারও সমাধান রয়েছে! কেবলমাত্র 'ওঁ'-য়ের উচ্চারণ করতে থাকুন! নিজের পাঠকদের প্রতি আমার দাবী হচেছ এই যে, 3 থেকে 5 মিনিট পর্যন্ত 'ওঁ'-য়ের উচ্চারণ তাঁদের মানসিক চাপের গোলকধাঁধা থেকে বাইরে বার করে এনে উন্মুক্ত আর খুশীর পরিবেশে পৌঁছে দেবে! প্রভুর নামে এমনই শক্তি রয়েছে! যদি কাজের চাপ আপনাদের দৈনন্দিন জীবনের এক অংশ হয়ে উঠেছে... তাহলে আপনাদের দিনের মধ্যে 3 - 5 বার ভগবানের নাম অবশ্যই স্মরণ করা উচিত! প্রভুর নামের জপ এমনই এক অলৌকিক শক্তি হয়... যেটা মাত্র এক মিনিটের মধ্যে আপনাদের সকল মানসিক চাপকে ছু-মন্তর করে দিতে পারে! আপনারা প্রভুর নাম গাড়ী চালাতে-চালাতে, অফিসে কাজ করতে-করতে বা চেয়ারে বসে-বসেও স্মরণ করতে পারেন! আমি নিজের অভিজ্ঞতায় এমন অসংখ্য লোকেদের চিনি... যাঁরা এই জিনিষটা দ্বারা অত্যন্ত ভালো লাভ প্রাপ্ত করেছেন! তাহলে আপনারাই বা পেছিয়ে থাকবেন কেন?

এতে আপনাদের হারাতে কিছুই হবে না... বরং এতে আপনাদের অত্যন্ত লাভই হবে!

শেষে আমি আপনাদের এটাই বলতে চাই যে, সফলতার শীর্ষে বসে থাকা ব্যক্তির মানসিক চাপের থেকে শত যোজন দূরে থাকা উচিত! কিন্তু যদি কাজের অনিবার্যতা মানসিক চাপের কারণ হয়ে ওঠে... তাহলে মানসিক চাপের থেকে দূরে থাকার পথ আগে থেকেই খুঁজে রাখুন! কখনো সেই সব পদ্ধতির আশ্রয় গ্রহণ করবেন না... যেগুলো দ্বারা আপনাদের বন্ধু-বান্ধব বা আত্মীয়-স্বজনদের মানসিক চাপের থেকে মুক্তি প্রাপ্ত হয়! সর্বদা নিজের পছন্দের সেই পথ বেছে নিন... যে পথে আপনাদের খুশী প্রাপ্ত হয়! তাই জীবনে সফলতা প্রাপ্ত করতে ইচ্ছুক সকল ব্যক্তিদের প্রতি আমার একান্ত অনুরোধ যে, তাঁরা যেন নিজেদের মানসিক চাপের থেকে মুক্ত রাখেন! হ্যাঁ... আমি আপনাদের এই পরামর্শ অবশ্যই দেব যে, আপনারা নিজেদের মানসিক চাপের থেকে মুক্ত রাখার অভিজ্ঞতা নিজেদের বন্ধু-বান্ধব আর আত্মীয়-স্বজনদের সাথে অবশ্যই ভাগ করে নিন! এমনটাও হতে পারে যে, আপনারা নতুন কোন উপায়ও পেয়ে যেতে পারেন!

❑❑❑

17

অভূতপূর্ব সফলতা প্রাপ্ত করার প্রবল ইচ্ছা

কেবলমাত্র ব্যবসায়িক ক্ষেত্রেই নয়... আপনারা যদি সঙ্গীত, নৃত্য বা অভিনয়ের ক্ষেত্রেও এক চমকাতে থাকা নক্ষত্র হয়ে উঠতে চান... তাহলে সব থেকে জরুরী জিনিষ হচেছ, লক্ষ্য প্রাপ্ত করার আপনাদের প্রবল ইচছা! জীবনের প্রতিটি ক্ষেত্রে অভূতপূর্ব সফলতা একমাত্র তখনই প্রাপ্ত হয়... যখন লক্ষ্যের প্রতি আপনাদের সমর্পণ ভাবনা অত্যন্ত শক্তিশালী হয়! এজন্য প্রবল ইচছা থাকাটা এমন এক গুরুত্বপূর্ণ সিদ্ধান্ত হয়... যেটার প্রতি আপনাদের মধ্যে গভীর আস্থা এবং পূর্ণ সম্মানের ভাব থাকা উচিত! প্রবল ইচছার প্রতি আপনাদের বিশ্বাস তখনই প্রমাণিত হয়... যখন আপনাদের মনে রাত-দিন লক্ষ্য প্রাপ্ত করার পাগলামী ছেয়ে থাকে! একমাত্র তখনই আপনারা নিজেদের মনের মত সফলতা প্রাপ্ত করতে পারেন! কোন শিল্পপতি যখন নিজের রাজ্য বা নিজের দেশ ছাড়াও সারা দুনিয়ার *'স্টীল কিং'*-য়ের উপাধি প্রাপ্ত করেন... তখন সেটা লক্ষ্যের প্রতি তাঁর গভীর সমর্পণের কারণেই সম্ভব হয়! এজন্য আপনাদের মনেও নিজেদের লক্ষ্যের প্রতি এমনই এক উৎসাহ থাকা উচিত... কাজকে কখনো নিজেদের ওপরে জোর করে চাপিয়ে দেবেন না! যদি আপনাদের মধ্যে নিজেদের লক্ষ্যের প্রতি গভীর সমর্পণ ভাবনা থাকে আর লক্ষ্য প্রাপ্ত করার প্রতি উৎসাহ থাকে এবং আপনারা যদি রাত-দিন সেই লক্ষ্যের ওপরে কাজ করেও ক্লান্তি অনুভব না করেন... তাহলে লক্ষ্য প্রাপ্ত করার প্রতি আপনাদের সেই পাগলামীই আপনাদের অভূতপূর্ব সফলতা পথে টেনে নিয়ে যাবে! জিলেটের ব্যাপারে আপনারা সকলেই জানেন! শ্রী জিলেটের মাথায় এমন এক ধারালো ব্লেড বানানোর পাগলামী চেপে ছিল... যেটা নরম-মোলায়েম ভাবে দাড়ি কাটবে, সঞ্চয়ী হবে আর যেটাকে ব্যবহার করার পরে ফেলে দেওয়া

যাবে! উনি নিজের এই স্বপ্নকে বাস্তবে রূপায়িত করার ব্যাপারে মনস্থির করে নিয়েছিলেন! উনি নিজের এই প্রোজেক্টের ওপরে 48 মাস প্রাণপন মেহনত করলেন আর নিজের মনের মত ব্লেডের আবিষ্কার করে ফেললেন! এর পরে সেই ব্লেডকে বাজারে নিয়ে আসতে ওনাকে আরও 72 মাস অপেক্ষা করতে হয়েছিল! প্রথম এক মাসে 100-রও কম ব্লেড বিক্রী হতে পেরেছিল! কিন্তু ওনার পাগলামী আর নিষ্ঠা একই রকম ছিল আর আজ শ্রী জিলেটের কোম্পানী, সেভিং সরঞ্জাম প্রস্তুত করা সারা দুনিয়ার কোম্পানীগুলোর মধ্যে প্রথম স্হান অধিকার করে রেখেছে! শ্রী জিলেটের অপার সফলতাকে আপনারা কেবলমাত্র ভাগ্য বলতে পারবেন না... সেটা ছিল নিজের লক্ষ্যের প্রতি ওনার অটুট সমর্পণ ভাবনা! কেন্টুকী ফ্রায়েড চিকেন *(কে.এফ.সি.)*-য়ের সংস্হাপক কর্ণেল স্যাণ্ডার্সের কাহিনীও অনেকটা এই রকম! নিজের প্রারম্ভিক বছরগুলোয় তো উনি লোকেদের বা খরিদ্দারদের নিজের প্ল্যান-প্রোগ্রামের ব্যাপারে জানাতে থাকেন... কিন্তু উনি আশানুরূপ সফলতা প্রাপ্ত করতে পারেননি! শেযে নিজের অক্লান্ত প্রচেস্টার পরে উনি অভূতপূর্ব সফলতা ঠিকই প্রাপ্ত করে নেন!

❑❑❑

18

অপার সফলতার জন্য আবশ্যক আর্থিক জ্ঞান

আপনারা জন্মজাত শিল্পপতি, সঙ্গীতকার, শিল্পী বা ফ্যাশন ডিজাইনার হতে পারেন... তবুও আপনাদের আর্থিক ক্ষেত্রের ভালো জ্ঞান থাকা উচিত! ধরে নিন যে, আপনি এক সফল ব্যক্তি আর টাকা-পয়সাও আপনি অনেক উপার্জন করে নিয়েছেন... কিন্তু আপনি যদি সেই অর্থকে সামলে না রাখতে পারেন বা সেটার সঠিক ব্যবস্হাপনা না করতে পারেন... তাহলে আপনি আপনি কেবল সফল ব্যক্তিদের শ্রেণীতেই শামিল হবেন... অভূতপূর্ব সফল ব্যক্তিদের শ্রেণীতে নয়! তাই আপনারা যদি নিজেদের কার্যক্ষেত্রে অপার সফলতা অর্জন করতে চান... তাহলে আর্থিক জ্ঞান আপনাদের এজেণ্ডার মুখ্য অঙ্গ হওয়া উচিত!

কিছু লোক আর্থিক পৃষ্ঠভূমি না থাকার কারণে এমনটা ধরে নেন যে, তাঁরা আর্থিক জ্ঞান প্রাপ্ত করতে পারেন না! এই জিনিষটা মাথায় রাখবেন যে, আর্থিক ক্ষেত্রে শীর্ষে পৌঁছনোর জন্য বুদ্ধিমত্তা থাকাটা অত্যন্ত আবশ্যক হয়! এজন্য যদি আপনাদের আর্থিক মামলায় বিন্দুমাত্র জ্ঞান না থাকে বা ট্যাক্সের সাথে যুক্ত মামলায় একটুও জ্ঞান না থাকে... তাহলেও নিরাশ হবেন না! সফলতার শিখরে পৌঁছনো ব্যক্তি ঘাবড়ে ওঠার পরিবর্তে সেই সব জিনিষ শেখার আর বোঝার চেষ্টা করেন... যেগুলোয় তাঁরা দুর্বল হন! *"সারাটা জীবন ধরে শিখে চলার প্রক্রিয়াই জীবনকে সার্থক করে তোলে... অন্যথা এই জীবন নিরর্থক হয়!"* – এই উক্তি এক বিদ্বান করে গেছেন! সুতরাং সফলতা থেকে অপার সফলতার দিকে এগিয়ে চলার জন্য আর্থিক জ্ঞান, নিবেশ আর ট্যাক্সের ব্যাপারে বোঝাটা অত্যন্ত আবশ্যক হয়! দিনের মধ্যে কম পক্ষে আধ ঘন্টা কোন বিজনেস টি.ভি. চ্যানেল দেখার জন্য সময় বার করুন... যাতে

আপনাদের স্টক মার্কেট, রিয়েল এস্টেট ইত্যাদির ব্যাপারে তাজা তথ্য প্রাপ্ত হতে পারে! আমি জোরের সাথে এমনটা বলতে পারি যে, আজ ভারতবর্ষে কোটি-কোটি লোক সি.এন.বি.সি. টি.ভি.-তে আমার *'ট্যাক্স গুরু'* প্রোগ্রাম দেখেন! যে ব্যক্তিই ইনকাম ট্যাক্স সম্বন্ধিত পেমেন্ট বা ট্যাক্স সেভিং-য়ের ব্যাপারে তথ্য প্রাপ্ত করতে চান... তিনি বাড়ীতে বসে এই প্রোগ্রাম দ্বারা সমস্ত প্রকারের তথ্য প্রাপ্ত করতে পারেন এবং নিজেকে শিক্ষিত করে তুলতে পারেন! এই প্রকার বিভিন্ন টি.ভি. চ্যানেল এই প্রকারের আলাদা-আলাদা অনুষ্ঠান প্রসারিত করে... যেগুলো আর্থিক ক্ষেত্রে ব্যক্তির জ্ঞান বৃদ্ধি করে তোলে আর তাঁদের আরও বেশী সফল করে তুলতে পারে!

আজকাল তো ইন্টারনেটের প্রচলনও ক্রমশঃ বেড়ে চলেছে... যাতে এই প্রকারের সমস্ত তথ্য মজুদ থাকে! প্রয়োজন হচ্ছে কেবল আপনাদের মনের মধ্যে এই ইচ্ছা জাগ্রত করে তোলার – *"হ্যাঁ, আমি আর্থিক ব্যাপারে তথ্য প্রাপ্ত করতে চাই!"* ব্যস্... আপনারা যে জিনিষের ব্যাপারে জানতে চান... সেই ব্যাপারে তথ্য প্রাপ্ত করতে পারেন – তা সেটা ব্যবসা হোক্ বা শিল্পের সাথে সম্বন্ধিত হোক্! আমার এই প্রসঙ্গে গত বছরের কথা মনে পড়ে যাচ্ছে... যখন আমি সুপারস্টার শ্রী অমিতাভ বচ্চন দ্বারা হোস্ট করা রিয়েলিটি শো *'বিগ বস্'*-তে অংশ গ্রহণকারী কিছু ফিল্ম স্টার আর মীডিয়া জগতের লোকেদের সাথে এক বিশেষ টি.ভি. শো করার সুযোগ পেয়েছিলাম! সেই প্রোগ্রামের নাম ছিল *'দ্য বিগ এম শো'*! সেই প্রোগ্রামে আমি মীডিয়া জগতের লোকেদের আর ফিল্ম স্টারদের সাথে তাঁদের সাথে যুক্ত আর্থিক ব্যবস্থাপনার ওপরে আলোচনা করেছিলাম! আমি এখানে পাঠকদের এটা জানাতে চাই যে, ওনাদের মধ্যে অধিকাংশ সফল ফিল্ম স্টার আর্থিক ব্যাপারে জ্ঞান প্রাপ্ত করতে আগ্রহী ছিলেন না... যখন কি তাঁদের এই জিনিষটার উপযোগিতা বুঝে নিজেদের শিক্ষিত করে তোলা উচিত ছিল! এজন্য আমার প্রিয় সাথীরা... আপনারা যদি জীবনে সফলতার উচ্চতম শিখরে পৌঁছতে চান, তাহলে নিজেদের আর্থিক বুদ্ধিমত্তাকে মজবুত করে তুলুন!

❑❑❑

19

অবসাদ আর মানসিক চাপের থেকে দূরে থাকুন

এমনটা ধরে নিন যে, আপনারা নিরাশ বা উদাস হয়ে রয়েছেন আর এমন সময় আপনাদের কারো সাথে কথা বলতে ইচ্ছা করে না! আপনারা চুপচাপ শান্ত হয়ে এক জায়গায় বসে রয়েছেন! এমন অবস্থায় আপনাদের রচনাত্মক এনার্জী কোথাও যেন হারিয়ে যায়! অবসাদের কারণে আপনারা মনের দিক থেকে স্বাভাবিক অবস্থায় থাকেন না আর আপনাদের ব্যক্তিত্বও এলোমেলো হয়ে পড়ে! আপনাদের সফলতা প্রাপ্ত করার অনেক স্বপ্ন ছিল... কিন্তু সেটার পথে অবসাদ বা আপনাদের নিরাশাবাদী চিন্তাধারা বাধা হয়ে হয়ে ওঠে এবং সেটা আপনাদের ওপরে চেপে বসে! ঠিক এমনটা মানসিক চাপের ক্ষেত্রেও হয়! এজন্য সেই পরম পিতা পরমেশ্বরের আশীর্বাদে আপনারা কেবল কর্ম করে চলুন... নিজেদেরকে ভাবনায় বয়ে যেতে দেবেন না! অত্যধিক প্রসন্নতা বা কোন কাজ সম্পন্ন হয়ে পড়ার অত্যধিক খুশীতে প্রভাবিত হয়ে উঠবেন না! এই প্রকার ব্যবসায় কোন বড় লোকসান হলে বা সমস্যা এলেও নিজেদেরকে স্বাভাবিক রাখুন! সফলতার শিখর স্পর্শ করার সব থেকে প্রভাবশালী টিপস্ হচেছ এটা যে, আপনারা নিজেদের না তো অবসাদের চঙ্গুলে ফেঁসে যেতে দেবেন আর না-ই আপনাদের মুখে-চোখে মানসিক চাপের চিহ্ন দেখতে পাওয়া যাবে!

অবসাদ জীবনের এক অঙ্গ হয়! সফল ব্যক্তিদের তো এটা শেখা উচিত যে, এটার মোকাবিলা কি ভাবে করা যেতে পারে! যদিও এর হাত থেকে মুক্তি প্রদান করার জন্য বাজারে অনেক ওষুধ কিনতে পাওয়া যায়... কিন্তু আমার মতে অবসাদের থেকে মুক্তি পেতে কেউ যদি আপনাদের সহায়তা করতে পারে... সেটা হচেছন আপনারা নিজেরা! তাই আপনারা যদি সফলতার আকাশে ডানা মেলে উড়ে বেড়াতে

চান... তাহলে অবসাদ আর মানসিক চাপকে নিজেদের ব্যক্তিত্বের অংশ হতে একেবারেই দেবেন না! সর্বদা চাপমুক্ত হয়ে থাকুন এবং অত্যধিক প্রসন্নতা বা ক্রোধ এড়িয়ে চলুন! ভাবনায় বয়ে চলা বা হঠাৎ করে প্রচণ্ড রেগে ওঠা আপনাদেরকে সফলতার থেকে দূরে সরিয়ে নিয়ে যায়!

যে কোন অবসাদগ্রস্ত ব্যক্তির সেই সব জিনিষের থেকে সর্বদা দূরে থাকা উচিত... যেসব জিনিষ তাঁকে নিরাশ করে তোলে! সর্বদা এটা মাথায় রাখবেন যে, আপনাদের অত্যন্ত বেশী সফলতা প্রাপ্ত করতে হবে এবং অবসাদ আর মানসিক চাপ নিশ্চিত রূপে আপনাদের তেমনটা করতে দেবে না!

❑❑❑

20

অন্যদের কথায় কান দেবেন না

যদি আপনাদের মনোযোগ এই দিকে লেগে থাকে যে, অন্য লোকেরা আপনাদের সম্বন্ধে, আপনাদের গাড়ীর ব্যাপারে, আপনাদের অভ্যাস বা আপনাদের পোশাকের ব্যাপারে কি বলছে... তাহলে খুব শীঘ্রই আপনারা এমনটা অনুভব করতে লাগবেন যে, আপনাদের ব্যক্তিত্ব প্রভাবশালী নয়! এজন্য লোকেরা কি বলছে... সেদিকে কখনো মনোযোগ দেবেন না! এমনটা ধরে নিন যে, আপনাদের কাছে এই সময় এক পুরোন মারুতি গাড়ী রয়েছে... যখন কি আপনাদের সহকর্মী আর বন্ধুদের কাছে নতুন-নতুন গাড়ী রয়েছে! আপনারা ভাড়া বাড়ীতে থাকেন আর অন্যরা ব্যাংক থেকে লোন নিয়ে দারুণ ফ্ল্যাট কিনে নিয়েছে! এই পরিস্হিতিতে আপনারা যদি এমনটা চিন্তা করতে থাকেন যে, আপনাদের ভাড়া বাড়ী আর পুরোন গাড়ীর ব্যাপারে লোকেরা কি বলবে... তাহলে আপনাদের মনের মধ্যে হীন ভাবনা ঢুকে পড়বে! তাই আপনাদের দৃষ্টি যদি সফলতার শিখরের ওপরে নিবদ্ধ হয়ে থাকে... তাহলে কখনো এমনটা ভাববেন না যে, লোকেরা আপনাদের বা আপনাদের জীবন স্তরের ব্যাপারে কি বলছে! এই দিকে একেবারে দৃষ্টি দেবেন না! হ্যাঁ... নিজেদের অন্তর্মনে উঁকি মেরে এই জিনিষটার সমীক্ষা অবশ্যই করুন... কিন্তু অন্যদের কথায় কখনো প্রভাবিত হবেন না! এই প্রকার নিজেদের বন্ধু আর আত্মীয়দের মধ্যে নিজেদের ভালো আর প্রভাবশালী ইমেজ গড়ে তোলার জন্য কখনো টাকা-পয়সা বর্বাদ করবেন না! সেটাই করুন... যেটা পরিস্হিতি অনুসারে সঠিক হবে! আপনারা যদি জীবনে এই সিদ্ধান্ত মেনে চলেন... তাহলে সফলতা অবশ্যই আপনাদের চরণ স্পর্শ করবে!

❑❑❑

21

নিজের প্রিয় ব্যক্তিকে নিজের মনের কথা খুলে বলুন

কোন অত্যন্ত সফল ব্যক্তির জীবনে এমন কোন ব্যক্তির থাকা উচিত... যাঁকে তিনি ভালবাসেন আর যাঁর সাথে তিনি নিজের মনের কথা ভাগ করে নিতে পারেন! যদিও আজকাল আত্মীয়-স্বজন আর বন্ধু-বান্ধবদের মধ্যে এমন কোন ব্যক্তির দেখা পাওয়া অত্যন্ত মুশ্কিল হয়ে উঠেছে... যাঁর সাথে আপনারা প্রাণ খুলে নিজেদের মনের কথা বলতে পারবেন... তবুও আপনারা এমন কাউকে খুঁজে বার করার চেষ্টা অবশ্যই করুন! একটা জিনিষ মাথায় রাখবেন যে, আপনাদের মন পরিস্কার আর শুদ্ধ হওয়া উচিত! কারণ যাই হোক্ না কেন... আপনাদের মন সমস্যায় ঘিরে থাকা উচিত নয়! এবার এমন কোন ব্যক্তিকে খুঁজে বার করার সময় এসে গেছে... যাঁকে আপনারা ভালবাসেন আর যাঁর সামনে আপনারা নিজেদের মনের কথা বিনা কোন সংকোচে ব্যক্ত করতে পারেন! আপনারা যদি সত্যিকারের মনে এমন চেষ্টা করেন... তাহলে এক বা দুজন ব্যক্তি আপনারা অবশ্যই পেয়ে যাবেন, যাঁদের সাথে আপনারা নিজেদের ব্যক্তিগত সমস্যা খুলে বলতে পারবেন! এমন ব্যক্তি খুঁজে বার করার একটাই পদ্ধতি আছে আর সেটা হচেছ এই যে, আপনাদের ব্যক্তিত্ব এমন হওয়া উচিত... যেটা দেখে অন্য লোকেদের এমনটা মনে হবে – *"হ্যাঁ... ইনিই হচেছন সেই ব্যক্তি, যাঁর সাথে আমরা নিজেদের মনের কথা খুলে বলতে পারি!"* আর যখন এমনটা হবে, তখন আপনারা এমন কাউকে অবশ্যই খুঁজে পাবেন... যিনি আপনাদের আর আপনারা তাঁর সত্যিকারের সাথী হয়ে উঠবেন!

❑❑❑

22

চ্যালেঞ্জের মোকাবিলা করার জন্য প্রস্তুত হোন্

যে কোন সফল ব্যক্তি জীবনের পথে আসা সকল চ্যালেঞ্জের মোকাবিলা করার জন্য সর্বদা প্রস্তুত হয়ে থাকেন! এজন্য আপনারা যদি সত্যি-সত্যি এমনটা চান যে, সফলতা আপনাদের চরণ স্পর্শ করুক... তাহলে জীবনের পথে আসা চ্যালেঞ্জের মোকাবিলা করার জন্য প্রস্তুত হয়ে থাকুন! এই সত্যকে আপনারা সবাই ভালো করে জানেন যে, আপনারা যখনই কোন নতুন কাজ শুরু করেন... সেটা অত সহজ হয় না! জীবনের পথে আসা চ্যালেঞ্জের মোকাবিলা তো আপনাদের করতেই হবে... একমাত্র তাহলেই আপনারা সফলতা প্রাপ্ত করতে পারবেন! জীবনের প্রতিটি ক্ষেত্রই চ্যালেঞ্জে পরিপূর্ণ... তা সেটা ব্যবসা হোক্ বা কোন সামাজিক সংস্থা শুরু করা! আমার এমন এক ব্যক্তির কথা মনে পড়ে যাচ্ছে... যিনি লায়ন্স ক্লাব ইন্টারন্যাশনাল এবং রোটারী ক্লাবের থেকে প্রেরণা গ্রহণ করে মহিলাদের জন্য এক আন্তর্জাতিক সংস্থা শুরু করেছিলেন! ওনার এই চিন্তাধারাটা সম্পূর্ণ নতুন ছিল! কিন্তু সব থেকে বড় চ্যালেঞ্জ ছিল উৎসাহে পরিপূর্ণ এক সূত্রপাত... যেটা নতুন সংস্থাকে নিজের এক পরিচিতি প্রদান করতে পারবে! এই ভাবে শুরু হয়েছিল – *"সোরোপমিস্ট ইন্টারন্যাশনাল!"* আজ এই গ্লোবাল সংস্থায় বিশ্বের 123 দেশের প্রায় 1 লক্ষেরও বেশী মহিলা সদস্যা রয়েছেন! ভারতে এই ক্লাবের শাখা দেশের 14-টি প্রান্তে ছড়িয়ে রয়েছে! এই আন্তর্জাতিক ক্লাব বেশ কিছু সামাজিক কাজে লিপ্ত হয়ে রয়েছে! সত্যি কথা হচ্ছে এটা যে, সফলতার প্রাপ্ত করার জন্য পাগল ব্যক্তিরা জীবনে কোন চ্যালেঞ্জকেই ভয় পান না... বরং সেটাকে স্বাগত জানান! আমি এমনই এক বড় রিয়েল এস্টেট ডেভেলপারকে জানি... যিনি আজ

থেকে 10 - 12 বছর আগে রিয়েল এস্টেটের ক্ষেত্রেই এক ব্রোকার ছিলেন! কিন্তু চ্যালেঞ্জের মোকাবিলা করার সাহসের কারণে উনি নিজের কার্যক্ষেত্রে অত্যন্ত বেশী নাম কামান! উনি নিজের ব্যবসাকে দেশের বেশ কিছু প্রান্তে ছড়িয়ে দেন আর এখন উনি সফলতাপূর্বক নিজের কোম্পানীর নামে পাব্লিক ইশ্যুও মার্কেটে ছেড়েছেন! নিঃসন্দেহে এই সব কিছু আপনারাও করতে পারেন! কিন্তু এমনটা তখনই সম্ভবপর হবে... যখন আপনারা যে কোন চ্যালেঞ্জের মোকাবিলা করার জন্য সর্বদা প্রস্তুত হয়ে থাকবেন! তারপর আর আপনাদের পেছন ফিরে তাকানোর প্রয়োজন হবে না... তখন আপনাদের পথে কেবলমাত্র সফলতাই সফলতা থাকবে!

❑❑❑

23

নতুনত্ব – সোনালী সফলতার সিঁড়ি

সফলতা প্রাপ্ত করার ইচ্ছা রাখা ব্যক্তিদের জন্য নতুন চিন্তাধারার অত্যন্ত বেশী গুরুত্ব রয়েছে ! এটা ঠিক যে, আপনারা নিজেদের ব্যবসায় লাভ কামান... কিন্তু যদি আপনাদের মধ্যে এই ব্যাপারে নতুন কিছু চিন্তা করার বা নতুন কিছু করে দেখানোর ক্ষমতা না থাকে... তাহলে আপনারা এক জায়গাতেই থেমে থাকবেন – উন্নতি করতে পারবেন না ! সুতরাং একটা কথা মাথায় রাখবেন যে, নতুন চিন্তাধারাই আপনাদের অপার সফলতার পথে নিয়ে যাবে ! আসুন... এটা দেখা যাক যে, মারুতি গাড়ীর কাহিনী আমাদের কি বলে ! আজ থেকে প্রায় 26 বছর আগে এই গাড়ীর উৎপাদন শুরু হয়েছিল আর 1983 - 84 সালে কোম্পানী মাত্র 843 গাড়ীর উৎপাদন করতে সক্ষম ছিল ! আজ 26 বছর পরে মারুতির 10 লক্ষ গাড়ী কারখানা থেকে বাজারে আসে ! লাগাতার উৎপাদন, নতুন উৎপাদন আর ডিজাইনকে মার্কেটে নিয়ে আসাই হচ্ছে মারুতি কোম্পানীর সফলতার কাহিনীর মুখ্য উৎস ! আপনারাও নিজেদের ব্যবসাকে নতুন কুশলতা আর নতুন চিন্তাধারা দিয়ে সাজান আর সফলতা প্রাপ্ত করুন ! আজকের এই প্রযুক্তির যুগে গোটা বিশ্বের যুবা প্রজন্ম নিজেদের নতুন চিন্তাধারা দ্বারা প্রচুর অর্থ উপার্জন করছে ! এমনই এক যুবা ব্যবসায়ীকে আমি জানি... যিনি ডিজিট্যাল ফোটোগ্রাফীকে বহু যুগ প্রচীন পারম্পরিক চিত্রের সাথে যুক্ত করে অতুলনীয় সফলতা প্রাপ্ত করেছেন ! এই প্রকার আরও এক প্রতিভাশালী যুবা টি.ভি.-তে প্রসারিত ট্যালেন্ট হান্ট শো থেকে প্রেরণা গ্রহণ করে নিজের ট্যালেন্ট হান্ট শো শুরু করেন... যেটা অত্যন্ত সফল হয়েছিল ! এই ভাবেই এক যুবা শিল্পপতি ইন্টারনেটে সামূহিক ক্রয়-বিক্রয়ের সূত্রপাত

করেন... যেটা এখন এক নতুন ব্যবসার রূপ গ্রহণ করেছে! এটা সর্বদা মাথায় রাখবেন যে, নতুনত্বই সফলতার চাবিকাঠি হয়! তা আপনারা যে কার্যক্ষেত্রের সাথেই যুক্ত হয়ে থাকুন না কেন; সর্বদা নতুন-নতুন চিন্তাধারা আর নতুনত্বে ভরা প্ল্যান বানাতে থাকুন... যেগুলো একদিন অবশ্যই আপনাদের সফলতার সিঁড়ির সব থেকে উঁচু পায়দানিতে পৌঁছে দেবে!

❑❑❑

24

সবাই জীবনে নতুনত্ব আনতে পারে

কোন ব্যক্তিরই নিজের মনে এমন বিচার কখনো আনা উচিত নয় যে, তিনি নিজের সীমিত উৎস আর জ্ঞানের ভিত্তিতে নতুন আবিষ্কার কি করে করতে পারবেন? দিল্লীতে এক ঘরোয়া চাকর হিসেবে নিজের জীবন শুরু করা শ্রী প্রশান্ত বারিকের কাহিনী অনেকটা এই রকম! উনি কেবলমাত্র অষ্টম শ্রেণী পর্যন্তই পড়াশোনা করতে পেরেছিলেন! আর এখন উনি এক অফিসে এ্যাসিস্ট্যান্টের পদে কার্যরত হয়ে রয়েছেন এবং উনি দিল্লীতে আয়োজিত সাহিত্যিক সমারোহ এবং কবি সম্মেলনে যোগ দেওয়ার আমন্ত্রণও প্রাপ্ত করেছেন! আপনাদের হয়তো আমার কথায় ঠিক বিশ্বাস হচ্ছে না! কিন্তু সত্য হচ্ছে এটা যে, কোন এক সময় ঘরোয়া চাকর হিসেবে কাজ করতে থাকা শ্রী বারিক আজ পর্যন্ত 9-টি কাব্য রচনা করেছেন... যেগুলো প্রকাশিতও হয়েছে! এছাড়া উনি ছোট গল্পও লিখেছেন আর সময়ে-সময়ে উনি কবি সম্মেলন আর অন্যান্য সংস্থার তরফ থেকে আমন্ত্রণও পান! আমার বক্তব্যের তাৎপর্য হচ্ছে এই যে, নতুনত্বই আপনাদের জীবনে সফলতা নিয়ে আসে!

এই প্রকার মহান আমেরিকান গায়িকা ক্রিস্টিয়ানার কামোত্তেজক পুস্তক পড়ার শখ রয়েছে! উনি এমন পুস্তক বাথটাবে আরাম করে বসে পড়েন! এটা সত্য... বাজে কথা নয়! এই তথ্যের পুষ্টি femalefirst.co.uk-তেও করা হয়েছে! এটাই হচ্ছে ওনার শখ! আপনারা হয়তো এমন প্রশ্ন করবেন যে, স্নান করার সময় পুস্তক পড়া কি করে সম্ভব হতে পারে!? এর পেছনেও এক সফল ব্যক্তির নতুন চিন্তাধারা রয়েছে... যিনি জলরোধক *(ওয়াটারপ্রুফ)* পুস্তকের আবিষ্কার করেছিলেন... যাতে স্নান করার সময়ও পুস্তক পড়া যেতে পারে! এর দ্বারাই ক্রিস্টিয়ানা নিজের শখ পূরণ করতে পেরেছিলেন!

নতুন আবিস্কার করার প্রবৃত্তি রাখা ব্যক্তিরা যে কোন কার্যক্ষেত্রে নিজেদের সফলতার পতাকা ওড়াতে পারেন! উদাহরণ স্বরূপ আমেরিকার সান ফ্রান্সিসকো এলাকায় বেশ কিছু রেঁস্তোরা রয়েছে... যেগুলোর মধ্যে একটা হচেছ চীজ গে ফ্যাক্টরী! এই রেঁস্তোরা খদ্দেরদের বেশী মাত্রায় ভোজন সামগ্রী প্রদান করার জন্য পরিচিত! এটা সত্য যে, আমেরিকায় যে কোন ব্যাপারে বেশী মাত্রার প্রচলন ক্রমশঃ বেড়েই চলেছে... যার ফলে খদ্দেররাও খুশী হয়ে উঠছেন আর বিক্রীও বেড়ে চলেছে! এই সব কিছু এক নতুন চিন্তাধারারই ফল... যার ফলে মালিকেরা ভালোমতন অর্থ উপার্জন করছেন! আমরা সবাই এটা জানি যে, আমেরিকায় সব কিছুই বড় আকারে পছন্দ করা হয়! আমেরিকার প্রতিটি জিনিষ বড় হয়... তা সেটা রাস্তা হোক্... গাড়ী হোক্ বা বাড়ী! আর এবার আমেরিকার লোকেদের খাবার টেবিলে আসা প্লেটের আকারও বড় হয়ে উঠেছে... ভোজনের মাত্রাও বেড়ে উঠেছে! এটাই হচেছ সেই নতুন চিন্তাধারা... যেটার সমাপ্তি সফলতায় হয়! এই প্রকার আমরা দুনিয়ার বিভিন্ন প্রান্তে টাউনশিপ বিকাশের উদাহরণও নিতে পারি! লাভস্কা নগরের নির্মাণ কার্যে নতুনত্ব দেখে আমি অত্যন্ত আশ্চর্য হয়ে উঠি... যেটা দুনিয়ার এক প্রসিদ্ধ আর্কিটেক্ট কোম্পানী দ্বারা প্রস্তুত করা হচেছ! লাভস্কা নগরের অভূতপূর্ব সফলতা আগে থেকেই সুনিশ্চিত হয়ে পড়েছে! এই প্রকারের নতুনত্ব আপনাদের যে কোন কার্যক্ষেত্রে সফলতা প্রদান করবে! 100 বর্গ কিলোমিটার বিস্তৃত এলাকায় নির্মাণাধীন এই নগর, মুম্বাই আর পুণের থেকে খুব বেশী দূরে নয়! এবার একটু ভেবে দেখুন যে, আকারে মুম্বাইয়ের এক-চতুর্থাংশ এই নগর নিজের নির্মাণকর্তাদের যখন অপার সফলতা প্রদান করবে... তখন সেটা একমাত্র নতুনত্বের কারণেই হবে... কারণ এই নগর দৈনন্দিন জীবনের ছুটোছুটির থেকে দূরে!

নতুন চিন্তাধারাই অপার সফলতার চাবিকাঠি হয়! এই জিনিষটাই আপনাদের প্রোজেক্টকে সফল করে তুলতে পারে! উদাহরণ হিসেবে, আমরা যখন কোথাও ঘুরতে যাওয়ার প্ল্যান বানাই... তখন আমাদের মাথায় ক্যারিবিয়ানের প্রায় অর্দ্ধেক শতাব্দী প্রাচীন স্যাণ্ডী লেন বীচ রিসর্টের কথা আসে! এই রিসর্ট বার্বাডোসের সেন্ট জেমস্ বীচে অবস্থিত এবং ছুটোছুটি ভরা জীবনের চাপে গ্রস্ত লোকেদের কাছে স্বর্গের সমান! স্যাণ্ডী লেন বীচ দুনিয়ার এক নম্বর পর্যটন স্থল হওয়ার গৌরব প্রাপ্ত করেছে! এখানে বছরের সব সময়ই বেশ কিছু সেলিব্রিটি আর শিল্পপতিদের আসা-যাওয়া লেগে থাকে! 1961 সালে এই জায়গাটার দেখাশোনা করতে থাকা লোকেরা নিজেদের নতুন

চিন্তাধারা দ্বারা এই জায়গাটার এমন কায়াকল্প করে দেন যে, আজ এই জায়গাটা নিজের বিলাস বহুলতার কারণে স্বর্গের সমান হয়ে উঠেছে! আজ থেকে প্রায় 10 বছর আগে এই জায়গাটাকে ভেঙেচুরে নতুন করে বানানো হয়েছিল! এই রিসর্টের পক্ষে 2004 সালটা অত্যন্ত শুভ ছিল... যখন গোটা দুনিয়ায় গোল্ফের মুকুটহীন সম্রাট টাইগার উডস্ এই রিসর্টের লাগোয়া গোল্ফ ক্লাবে বিবাহ সূত্রে আবদ্ধ হয়েছিলেন... যে সমারোহ আরেক বিখ্যাত গোল্ফ খেলোয়াড় টম ফেজিয়ো-র তরফ থেকে পেশ করা হয়েছিল! এই রিসর্টের আরও একটি বিশেষত্ব হচ্ছে এখানকার অতুলনীয় স্পা!

আমেরিকার সব থেকে খ্যাতনামা নিবেশক ওয়ারেন বুফে-র নবীন কার্যশৈলীই ওনার অপার সফলতার রহস্য! আর্থিক মন্দার যুগেও বুফে এমনটা মনে করতেন যে, ভয়ের পরিবেশ নিবেশকদের পক্ষে আশীর্বাদ স্বরূপ হয়! এজন্য আপনারাও যদি সফলতার শিখরে পৌঁছতে চান... তাহলে এমন ব্যক্তিদের থেকে প্রেরণা গ্রহণ করুন, যাঁরা নিজেদের নতুন চিন্তাধারা দ্বারা নিজেদের ব্যবসাকে সফলতার সর্বোচ্চ শীর্ষে নিয়ে গেছেন!

যদি মার্কেটে ওঠা-নামার পরিবেশ তৈরী হয়ে রয়েছে, তাহলে আপনাদের উচ্চস্তরীয় বিজনেস কন্ফারেন্স আর সেমিনারে অংশ গ্রহণ করা উচিত! এই সব জায়গায় আপনারা উচ্চ শ্রেণীর বক্তাদের বিচারধারা শোনার সুযোগ পাবেন... যার ফলে আপনাদের ওঠা-নামার এই সময়ে টিঁকে থাকার ক্ষমতা প্রাপ্ত হবে! গোটা দুনিয়ায় এমন সম্মেলন / সেমিনার প্রায় সব সময়ই অনুষ্ঠিত হতে থাকে... যেগুলোয় অংশ গ্রহণ করলে আপনাদের কুশলতায় বৃদ্ধি হবে! বিজনেস শো আপনাদের আভ্যন্তরীণ শক্তি প্রদান করবে আর আপনাদের মাথায় এমন নতুন চিন্তাধারা আসবে... যেগুলো আগামী বছরগুলোয় আপনাদের ভবিষ্যতকে উজ্জ্বল করে তুলবে!

❑❑❑

25

স্বার্থপর হবেন না

আপনারা যদি স্বার্থপর আর কেবলমাত্র নিজেদের ভালো চিন্তা করা ব্যক্তি হন... তাহলে আপনাদের সফলতা প্রাপ্ত করার স্বপ্ন ভেঙে চুর-চুর হয়ে পড়তে পারে! আপনারা যদি সফলতা অর্জন করতে চান... তাহলে অহংকার ত্যাগ করে বিবেক অনুসারে কাজ করুন! এই সুন্দর দুনিয়ার আনন্দ এবং খুশীকে নিজেদের স্বার্থের বলি চড়াবেন না! এজন্য এটা অত্যন্ত জরুরী হয় যে, আপনাদের মধ্যে কখনো অহং ভাবনা যেন বাসা না বাঁধে! এমনটা করার পদ্ধতি অত্যন্ত সহজ হয়! আপনারা কেবল নিজেদের এই প্রশ্ন করুন যে, আপনারা কি স্বার্থপর? এবার হয়তো অনেক পাঠক এমন প্রশ্ন করবেন যে, আমি তাঁদের স্বার্থপর ব্যক্তি কি করে বলতে পারি? দেখুন... আপনারা কয়েক মুহূর্ত ঠাণ্ডা মাথায় আর শান্ত মনে বসে নিজেদের ব্যক্তিত্বের বিচার করুন আর এমনটা হতে পারে যে, আপনারা হয়তো এই নিস্কর্ষে পৌঁছবেন যে, আপনারা বাস্তবেই স্বার্থপর ব্যক্তি! আপনারা যদি এই নিস্কর্ষে পৌঁছেও যান... তাহলেও ঘাবড়ে উঠবেন না! কেবল এমনটা চিন্তা করুন যে, এটাও আপনাদের এক দোষ... যেটা থেকে আপনাদের মুক্তি পেতে হবে! এর ফলে আগামী সময়ে আপনাদের ব্যক্তিত্বে এক অদ্ভূত চমক আসবে! নিজেদের স্বার্থপরতা ত্যাগ করুন! আপনারা হয়তো এমনটা চিন্তা করছেন যে, আপনারাই কেন সেটা ত্যাগ করবেন... যখন কি অন্যরা ত্যাগ করছেন না? এমন চিন্তা মনে আসাটা অত্যন্ত স্বাভাবিক হয়! কিন্তু চিন্তায় ভরে না উঠে এই জিনিষটার ওপরে ভালো করে ভাবনা-চিন্তা করুন! এমনটা চিন্তা করুন যে, আপনাদের এই স্বার্থপরতা আপনাদেরকে সফলতার থেকে দূরে সরিয়ে নিয়ে যেতে পারে! এজন্য আপনারা যদি সফলতার স্বর্ণিম গন্তব্যস্হলে পৌঁছতে চান... তাহলে আজই নিজেদের স্বার্থপর দৃষ্টিকোণ আর চিন্তাধারা বদলে ফেলুন!

❑❑❑

26

তরোতাজা হয়ে থাকার জন্য কাজের সাথে প্রেম করুন আর সফলতাকে নিজের মুঠোয় নিয়ে আসুন

আপনারা যদি নিজেদের কাজকে ভালবাসেন... তাহলে আপনারা কখনো ক্লান্তি অনুভব করবেন না! এটা এমন এক অভিজ্ঞতা হয়... যেটা কোন পুস্তকে পাওয়া যায় না! এই অভিজ্ঞতাকে স্বয়ং অনুভব করতে হয়! আপনারা যে কাজই করুন না কেন... যদি সেই কাজের প্রতি আপনাদের মনে নিষ্ঠা আর প্রেম থাকে... তাহলে আপনারা কখনোই ক্লান্ত অনুভব করবেন না! অনেক দিন আগে বিল রজার্স বলেছিলেন – *"আপনারা যদি জীবনে সফল হতে চান... তাহলে আপনাদের এটা জানা উচিত যে, আপনারা কি করছেন!"* আমি নিজের ব্যক্তিগত অভিজ্ঞতা থেকে আপনাদের এমনটা বলতে পারি যে, বিল রজার্স দ্বারা বহু বছর আগে বলা এই উক্তি আজও ঠিক ততটাই সত্য! বরং আমি তো এটাও বলব যে, আপনারা নিজেদের কাজের সাথে প্রেম করলে আপনারা সফলতার সকল সীমা পার করে যাবেন!

"রাতে ঘুমোনোর সময় স্বপ্নে আমি নিজের জীবনকে আনন্দময়ী হিসেবে পেয়েছি! ঘুম ভেঙে যাওয়ার পরে আমার এমন অনুভূতি হয়েছে যে, জীবন হচ্ছে এক কর্তব্য মাত্র! আমি আনন্দের সাথে কাজ করে চললে কর্তব্যের মাঝেও আমি আনন্দের অনুভূতি প্রাপ্ত করেছি!" এই শব্দগুলি আজ থেকে বহু বছর আগে কবিগুরু রবীন্দ্রনাথ ঠাকুর বলেছিলেন! কিন্তু আজও সফলতার মাপদণ্ড এটাই রয়ে গেছে! নিজের কাজের সাথে প্রেম করুন! ক্লান্তিকে দূরে সরিয়ে রাখার জন্য আনন্দপূর্বক নিজের কাজ করে চলুন আর অতুলনীয় সফলতা প্রাপ্ত করুন!

50 বছর পার করামাত্র ব্যক্তির শারীরিক ক্ষমতা কমে আসতে থাকে আর কাজেও শীঘ্র ক্লান্তি অনুভূত হতে থাকে! ক্লান্তি আসার

কারণে কাজের গতি কমে আসতে থাকে! যখন কি সত্য কথা হচ্ছে এটা যে, বয়সের সাথে ক্লান্তির কোন সম্পর্কই নেই! সম্প্রতি আমি এক ডাক্তারের ক্লিনিকে বসে আমার পালা আসার অপেক্ষা করছিলাম! সেই সময় আমি সেখানকার রিসেপশনিষ্টকে দেখি... যাঁর মুখ-চোখ থেকে খুশী ঝরে পড়ছিল! সন্ধ্যা 7:00 বেজে গিয়েছিল আর রিসেপশনে বসে থাকা ব্যক্তির বয়স ছিল প্রায় 65 বছর! আমি অন্যান্য দিনগুলোতেও দিনের যে কোন সময় সেই ব্যক্তিকে ঠিক ততটাই হাসি-খুশী দেখতে পেয়েছি! তারপর একদিন যখন আমি আর নিজেকে ধরে রাখতে পারলাম না... তখন আমি সেই ব্যক্তির কাছে তাঁর সর্বদা তরোতাজা হয়ে থাকার রহস্যের ব্যাপারে প্রশ্ন করে বসলাম – *"আচ্ছা... আপনার জীবনে কি কোন দুঃখ নেই?"* অত্যন্ত মোহক হাসির সাথে সেই ব্যক্তি উত্তর দিলেন – *"আমার সর্বদা হাসি-খুশী থাকার পেছনে একটাই কারণ রয়েছে আর সেটা হচ্ছে এই যে, আমি আমার কাজের সাথে প্রেম করি! আর এটার থেকেই আমি এনার্জী প্রাপ্ত করি!"* আমি তৎক্ষনাত পরের প্রশ্ন ছুঁড়ে দিলাম – *"65 বছর বয়সে সপ্তাহে 6 দিন সকাল 9:00 থেকে সন্ধ্যা 7:00 পর্যন্ত কাজ করে চলে আপনি কি ক্লান্তি অনুভব করেন না?"* উনি আবার একবার হেসে উঠে বললেন – *"না! আর তার কারণ হচ্ছে এই যে, আমার নিজের কাজের প্রতি প্রেম রয়েছে আর এই কাজে আমি আনন্দ পাই... যার ফলে আমি সারাটা দিন প্রসন্নচিত্ত আর তরোতাজা হয়ে থাকি!"* এবার তো আপনারাও এটা মানবেন যে, নিজেদের কাজের প্রতি প্রেম আপনাদের ক্লান্ত হতে দেবে না! এর বিপরীত, যে ব্যক্তি নিজের কাজ প্রেমপূর্বক না করে সেটাকে এক বোঝা মনে করে করেন বা যে ব্যক্তি নিজের কাজকে এক নীরস দিনচর্যা হিসেবে গ্রহণ করেন... তাঁর পক্ষে খুশী হয়ে থাকা তো দূরের কথা – ক্লান্তি তাঁকে গ্রাস করে নেয়! এজন্য যে ব্যক্তি ক্লান্তি অনুভব না করে কাজ করতে চান... তাঁর প্রতি আমার বিনীত নিবেদন যে, তিনি নিজের কাজের প্রতি মনের মধ্যে প্রেমের সৃষ্টি করুন! ক্লান্তি দূর করে সফলতাপূর্বক কাজ করে চলার এটাই হচ্ছে একমাত্র অব্যর্থ টিপস্!

❑❑❑

27

ভাবনার বশবর্তী না হয়ে ভাবনাকে নিজের বশবর্তী করুন

ভাবনা! আজ্ঞে হ্যাঁ... হৃদয় আর মস্তিষ্ক থাকলে ভাবনা তো থাকবেই! প্রতিটি ব্যক্তিরই নিজস্ব ভাবনা থাকে! কিন্তু এটাও সত্য যে, অতুলনীয় সফলতা প্রাপ্ত করা ব্যক্তি ভাবনার গোলাম না হয়ে ভাবনাকে নিয়ন্ত্রণ করতে জানেন! আপনারা যদি এই জিনিষটা থেকে আজ এই শিক্ষা গ্রহণ করেন... তাহলে আপনাদের সফলতার পথে কোন বাধাই আসবে না! আমি আমার জীবনের গত 42 বছরে আলাদা-আলাদা জাতি, সমাজ আর ধর্মের সাথে সম্পর্ক রাখা অনেক লোকেদের সংস্পর্শে এসেছি আর আমি এটাই দেখতে পেয়েছি যে, অনিয়ন্ত্রিত ভাবনা কেবলমাত্র বিনাশের পথে টেনে নিয়ে যায়! যখন ভাবনা আপনাদের নিয়ন্ত্রণে থাকে না... তখন আপনারা নিজেদের মানসিক চাপ, বিরক্তি আর ব্যর্থতার চোরাবালিতে ফেঁসে যাওয়া অনুভব করেন! অন্য দিকে ব্যবহারিক রূপে ভাবনাকে নিয়ন্ত্রণ করাটা ব্যক্তিকে সফলতার পথে এগিয়ে নিয়ে চলে! ভাবনার ওপরে নিয়ন্ত্রণ অত্যন্ত আবশ্যক হয়... তা সেটা আপনার ব্যবসা হোক্, সামাজিক সম্পর্ক হোক্ বা পারিবারিক জীবন! আবেশের বশবর্তী হবেন না আর নিজের মনের কথা ততক্ষন পর্যন্ত প্রকাশ করবেন না... যতক্ষন না সেটা জরুরী হয়ে উঠছে! একেই বলে ভাবনার ওপরে নিয়ন্ত্রণ প্রাপ্ত করা! দুনিয়া যেমনই হোক্... সেটার আনন্দ ওঠান! ভাবনা কখনো-না-কখনো আপনাদের মনে আঘাত অবশ্যই দেয়! ভাবনার ওপরে লাগাম কষাটা জরুরী হয়... ঠিক যেমনটা আমরা দুর্ঘটনার হাত থেকে বাঁচার জন্য গাড়ীর ব্রেক লাগাই! এজন্য যদি আপনারা ভাবনার বশবর্তী হওয়ার স্হানে সেটাকে নিজেদের নিয়ন্ত্রণে নিয়ে আসা শিখে নেন... তাহলে আপনাদের সফলতা কখনো সংকটে পড়বে না!

❑❑❑

28

সকলকে যতটা সম্ভব সহায়তা করুন

আপনারা যদি বাস্তবে এক অত্যন্ত সফল ব্যক্তি হয়ে উঠতে চান... তাহলে সর্বদা সততার সাথে অন্যদের সহায়তা করার জন্য প্রস্তুত হয়ে থাকুন! এটা অত্যন্ত সত্য যে, আপনারা যখন অন্য লোকেদের সহায়তা আর পথ প্রদর্শন করেন... তখন আপনারা তাঁদের হৃদয়ে স্থান করে নেন আর কোন সফল ব্যক্তির এটা এক গুণ হয়! আপনারাও সততার সাথে সকলের সহায়তা করুন আর সফল ব্যক্তিদের শ্রেণীতে শামিল হয়ে পড়ুন!

❑❑❑

29

পড়ার অভ্যাস তৈরী করুন আর অতুলনীয় সফলতা প্রাপ্ত করুন

আজ থেকে অনেক আগে পঞ্চদশ শতাব্দীর মহান দার্শনিক ফ্রান্সিস বেকন বলেছিলেন – *"পড়া দ্বারা সম্পূর্ণ ব্যক্তি গড়ে ওঠে... সমালোচনা দ্বারা সে দুনিয়ার মোকাবিলা করার জন্য প্রস্তুত হয়ে ওঠে আর লেখা দ্বারা অব্যর্থ হয়ে ওঠে!"* এই মহান চিন্তাধারা আজ থেকে প্রায় 500 বছর আগের... কিন্তু আজও সফলতার কামনা করতে থাকা ব্যক্তিদের ওপরে এই সিদ্ধান্ত প্রযোজ্য হয়! পড়ার অভ্যাস সম্পূর্ণ ব্যক্তির জন্ম দেয় আর একমাত্র কোন সম্পূর্ণ ব্যক্তিই অতুলনীয় সফলতা প্রাপ্ত করার ক্ষমতা রাখেন! এবার আপনাদের নিজেদের ভেতরে পড়ার গুণ বিকশিত করার সময় এসে গেছে! পড়লে আপনাদের জ্ঞান প্রাপ্ত হবে... আপনাদের মানসিকতায় পরিবর্তন আসবে... আপনারা নিজেদের জীবনের মূল্যাংকন করতে পারবেন আর আপনারা অন্যান্য ব্যক্তিদের জীবন থেকে প্রেরণাও প্রাপ্ত করতে পারবেন! এজন্য পড়ার নিয়মিত অভ্যাস গড়ে তুলুন!

আপনারা যদি দিনের বেশীর ভাগ সময় ব্যস্ত থাকেন আর পড়ার জন্য যদি সময় বার করতে না পারেন... তাহলে আপনারা সর্বদা নিজেদের সাথে এক পুস্তক রাখুন আর এয়ারপোর্ট বা রেলওয়ে স্টেশনে অপেক্ষা করার সময় অথবা সফর করার সময় সেটা পড়ুন! আপনাদের গাড়ী যদি ড্রাইভার চালায়... তাহলেও আপনারা পড়ার জন্য সময় বার করতে পারেন! এই প্রকার আপনারা পড়ার জন্য একটু-একটু করে সময় বার করতে পারেন!

❑❑❑

30

অভূতপূর্ব সফলতা প্রাপ্ত করার ওপরে মনোযোগ কেন্দ্রীভূত করুন

কোন সফল ব্যক্তির মনের লাগাম তাঁর নিজের হাতে থাকা উচিত! তাঁর মন একাগ্র এবং বুদ্ধি তীক্ষ্ম হওয়া উচিত এবং তাঁর মধ্যে লাগাতার সামনের দিকে এগিয়ে চলার নিষ্ঠাও থাকা উচিত! এমন ব্যক্তির মস্তিষ্কে সর্বদা নতুন চিন্তাধারা থাকা উচিত আর তাঁর মানসিক ক্লান্তি একেবারেই থাকা উচিত নয়! তাই আপনারাও যদি জীবন্ত আর উৎসাহপূর্ণ ব্যক্তিত্বের অধিকারী হয়ে উঠতে চান... তাহলে নিজেদের মনকে একাগ্র করে তুলুন! নিয়মিত অভ্যাস আর তীব্র ইচ্ছা দ্বারা আপনারা নিজেদের মনকে একাগ্র করে তুলতে সফল হতে পারেন! উপনিষদে এমনটা বলা হয়েছে যে, যে ব্যক্তি নিজের মনকে একাগ্র করে তুলে দিব্য জ্ঞান প্রাপ্ত করতে চান... তাঁর ইন্দ্রিয়গুলো তাঁর বশে থাকা উরচত... ঠিক যেমনটা রথের ঘোড়াদের ওপরে রথের সারথির সম্পূর্ণ নিয়ন্ত্রণ থাকে! আমরা সবাই এই তথ্যের সাথে ভালোমতন পরিচিত যে, উপনিষদ দিব্য জ্ঞানের ভাণ্ডার! আপনারা উপনিষদের উপরোক্ত উক্তি থেকে প্রেরণা গ্রহণ করে নিজেদের মনের বিকাশ করে চলে সেটাকে একাগ্র করে তুলতে পারেন! একাগ্র মন জীবনের প্রতিটি ক্ষেত্রে আপনাদের আশানুরূপ ফল প্রদান করবে!

আপনারা যদি একাগ্র চিত্তে পড়াশোনা করেন... তাহলে সেটার পরিণাম ভালোই প্রাপ্ত হবে! আপনারা স্কুল-কলেজ অথবা বিশ্ববিদ্যালয়ের মেধাবী ছাত্র-ছাত্রীদের শ্রেণীতে চলে আসবেন! এই প্রকার আপনারা যদি ব্যবসায়ী হন আর বিশেষ করে যদি আপনাদের পেশা ওকালতী হয়... তাহলে তো আপনাদের মনের একাগ্রতা

বজায় রাখার অত্যন্ত বেশী আবশ্যকতা রয়েছে, যাতে আপনারা জজ সাহেবের সামনে সম্পূর্ণ আত্মবিশ্বাসের সাথে নিজেদের বক্তব্য রাখতে পারেন! এজন্য মনের একাগ্রতা বজায় রাখাটা অত্যন্ত বেশী গুরুত্ব রাখে!

এবার প্রশ্ন এটা ওঠে যে, মনকে ঠিক কি ভাবে একাগ্র করে তোলা যেতে পারে? এই প্রশ্নের উত্তর হচ্ছে – নিয়মিত রূপে ধ্যান লাগানো! যদি *'ধ্যান'* নামক ঔষধির সেবন আপনারা ধার্মিক প্রবৃত্তির সাথে করেন... তাহলে আপনাদের মনের একাগ্রতা আপনা থেকে বেড়ে চলবে! একবার আপনাদের মনোযোগ কেন্দ্রীভূত আর মন একাগ্র হয়ে উঠলে আপনাদের স্মরণ শক্তিও বেড়ে উঠবে আর আপনারা লোকেদের সামনে নিজেদের বক্তব্য সম্পূর্ণ রূপে চিন্তা-ভাবনা করার পরেই রাখবেন! মনকে একাগ্র করার জন্য বিশেষ কিছু করার আবশ্যকতা হয় না! আমরা যখন মনকে একাগ্র করে তোলার জন্য ধ্যান লাগানোর কথা বলি... তখন আপনাদের কেবলমাত্র এইটুকু করতে হবে যে, নির্দিষ্ট সময়ে বাড়ীর কোন শান্ত কোনায় চোখ বন্ধ করে মৌনতা ধারণ করে 5 - 10 মিনিট বসে পড়ুন! প্রতি মাসে ধীরে-ধীরে এই সময়ে 5 মিনিটের বৃদ্ধি করে চলুন!

আপনারা যদি নিজেদের ধ্যান লাগানোর সময় 30 মিনিট পর্যন্ত করে নিতে পারেন... তাহলে আপনা থেকে আপনাদের নিজেদের মনের শক্তি আর একাগ্রতার অনুভূতি হতে থাকবে! তাই আজ থেকেই ধ্যান লাগানো শুরু করে দিন আর এটাকে নিজেদের দৈনন্দিন দিনচর্যার এক অঙ্গ করে তুলুন! শুরু-শুরুতে আপনারা যখন ধ্যান লাগানো শুরু করবেন... তখন আপনাদের মনে হাজার রকমের প্রশ্ন আসতে থাকবে... অপূর্ণ কাজ শেষ করার কথা মনে পড়ে যাবে... দৈনন্দিন জীবনের অনেক সমস্যা আপনাদের ধ্যানে বিঘ্ন ঘটানোর চেষ্টা করবে! আমাদের বক্তব্যের তাৎপর্য হচ্ছে এই যে, শুরু-শুরুতে অনেক কিছুই আপনাদের ধ্যানভঙ্গ করার চেষ্টা করবে! সেগুলোকে নিজেদের মনে আসতে-যেতে দিন! আপনারা কেবল নিজেদের মনের দরজা বন্ধ করে আরাম করে চোখ বন্ধ করে শান্তিতে বসে থাকুন আর যা কিছু হয়ে চলেছে... সেগুলো হতে দিন! নিজেদের মনের মধ্যে আসতে থাকা বিচারগুলোকে দূরে সরানোর কোন বিশেষ চেষ্টা করবেন না! এই সব বিচার যে প্রকার আপনাদের মনে আসবে... সেই ভাবে এক সময় চলেও যাবে! সেগুলোকে মন থেকে মুছে

ফেলার কোন চেষ্টা করবেন না! সময়ের সাথে-সাথে এগুলো আপনা থেকেই মিটে যাবে আর মাত্র 15 দিনের মধ্যেই আপনাদের এমন অনুভূতি হতে লাগবে যে, আপনাদের মন এবার একাগ্র হয়ে উঠতে লেগেছে! এজন্য নিয়মিত রূপে ধ্যান লাগিয়ে নিজেদের মনকে একাগ্র করে তুলুন!

❑❑❑

31

ভুলের অনুভূতি

কোন সফল ব্যক্তির মধ্যে এই গুণটাও থাকে যে, যদি তিনি কোন ভুল করে বসেন... তাহলে তিনি নিজের সেই ভুল তৎক্ষনাত স্বীকার করে নিতে প্রস্তুত থাকেন! আপনারাও যদি জীবনে সফলতার শীর্ষে পৌঁছতে চান... তাহলে নিজেদের ভেতরে এই গুণটাকে বিকশিত করে তুলুন! নিজেদের ভুল স্বীকার করে নেওয়ার মত গুণ আপনাদের মধ্যে থাকলে আপনাদের ব্যক্তিত্ব আরও বেশী প্রশংসনীয় হয়ে উঠবে!

সম্প্রতি আমি নিজের এক বিদেশ সফলে ফিনল্যাণ্ড গিয়েছিলাম! আমাদের সাথে এক গাইড ছিলেন... যাঁর বয়স খুব একটা বেশী ছিল না! উনি ছোট-ছোট ব্যাপারে গ্রুপের লোকেদের সাথে তর্ক শুরু করে দিতেন! উদাহরণ হিসেবে ট্যুর ম্যানেজমেন্টের সাথে আগেই আমাদের এই চুক্তি হয়ে পড়েছিল যে, গ্রুপের প্রতিটি সদস্যকে পান করার জন্য প্রতি দিন এক বড় বোতল মিনারেল ওয়াটার দেওয়া হবে! কিন্তু এই মহাশয় তো যেন প্রেমের ভাষা বুঝতেনই না আর নিজের ভুল স্বীকার করাটা যেন ওনার ব্যক্তিত্বের মধ্যে ছিলই না! শেষে হার মেনে নিয়ে ট্যুরের চতুর্থ দিনে আমি ওনাকে নিজের ভুল স্বীকার করে নেওয়ার অদ্ভূত গুণের ব্যাপারে জানাই! আমার পরামর্শ ওনার মনে ধরে আর শীঘ্রই ওনার ব্যবহারে পরিবর্তন আসতে থাকে এবং এই পরিবর্তনের কারণে আমাদের ট্যুরের পরের 11 দিন অত্যন্ত ভালো ভাবে কেটেছিল! তো এটাই ছিল নিজের ভুল স্বীকার করে নেওয়ার গুণের জাদু...!

❑❑❑

32

ভালো শ্রোতা হোন্

অন্যদের কথা মন দিয়ে শোনা আপনাদের অপার সফলতার দিকে নিয়ে চলে! এজন্য যখনই কেউ আপনাদের সাথে কথা বলবে... তখন তাঁর কথা মন দিয়ে শুনুন! সাধারণতঃ এমনটা দেখতে পাওয়া যায় যে, আমরা নিজেদের ব্যবসা বা কাজ অথবা সামাজিক ক্ষেত্রের সাথে যুক্ত ব্যক্তিদের কথায় তেমন একটা মনোযোগ দিই না... যখন কি আমাদের এক ভালো শ্রোতা হওয়া উচিত! আমার নিজের স্বর্গীয় ঠাকুর্দা শ্রী মোহন লাল লখোটিয়ার কথা মনে আছে যে, উনি 30 বছর আগে প্রতি দিন প্রাতঃভ্রমণে যেতেন আর সেখানে দেখা হওয়া প্রতিটি ব্যক্তির কথা মনোযোগ সহকারে শুনতেন! ওনার এই গুণ বুদ্ধিজীবীদের মনে ওনার এক বিশেষ স্থানের সৃষ্টি করে তুলেছিল! যদিও আমার ঠাকুর্দা কেবলমাত্র চতুর্থ শ্রেণী পর্যন্তই পড়াশোনা করেছিলেন... কিন্তু ওনার এক ভালো শ্রোতা হওয়ার এই গুণ ওনাকে অত্যন্ত বেশী সম্মান প্রদান করেছিল! আপনারাও ভালো শ্রোতা হওয়ার গুণ নিজেদের মধ্যে বিকশিত করে তুলুন! আমি তো এটাই বলব যে, কেবলমাত্র ভালো শ্রোতাই নয়... বরং সততার সাথে অন্যদের কথা শুনুন! এমন অনেক ব্যক্তিদের আমি জানি... যাঁরা লোকেদের কথা শোনার ভান করেন... কিন্তু বাস্তবে তাঁরা কিছুই শোনেন না! তাই ধৈর্য্য সহকারে অন্যদের কথা শোনার চেষ্টা করুন! আপনাদের যদি কেউ ইতিমধ্যেই শোনা কোন কাহিনীও শোনান... তবুও তাঁর কথার মাঝখানে বাধা দেবেন না... কারণ সফলতার পথে এগিয়ে চলা লোকেদের পক্ষে এমনটা ভালো জিনিষ মোটেই হয় না!

❑❑❑

ভাগ - 04

33

সফলতার জন্য আবেগ উচিত নয়

আমরা সকলে এই তথ্য খুব ভালো করেই জানি যে, ভালো করে ভাবনা-চিন্তা না করে কোন কাজ করে বাসাটা উচিত হয় না! অনেক বার আমাদের ভেতরে হঠাৎ করে ক্রিয়াশীল এনার্জী উৎপন্ন হয়ে পড়ে। এবার এটা আমাদের ওপরে নির্ভর করে যে, আমরা সেটার প্রয়োগ ভালো ভাবে করব, না খারাপ ভাবে! কোন সফল ব্যক্তির এই ক্রিয়াশীল এনার্জীকে ইতিবাচক রূপে প্রয়োগ করা শেখা উচিত! এমন ব্যক্তি ধার্মিক, শান্ত প্রবৃত্তির আর উচ্চ শিক্ষিত হন! এজন্য নিজেদের ব্যক্তিত্বকে এমন ভাবে প্রস্তুত করুন... যাতে এই ক্রিয়াশীল এনার্জীকে আপনারা সঠিক ভাবে প্রয়োগ করতে পারেন... সেটা যেন আপনাদের পক্ষে সমস্যার কারণ না হয়ে ওঠে! সুতরাং আবেগের বশে কোন কাজ করে বসবেন না! যেমন ধরুন – কাজের সূত্রে আপনাদের যদি কখনো কোন ক্যাসিনোয় যেতে হয়... তখন সেখানে জুয়া খেলার ইচছাকে নিজেদের ওপরে চেপে বসতে দেবেন না!

❑❑❑

34

অভূতপূর্ব সফলতার জন্য ব্যবহারিক আধ্যাত্মিকতা

যেসব ব্যক্তি নিজেদের জীবনে অভূতপূর্ব সফলতা অর্জন করতে ইচ্ছুক হয়... তাঁদের নিজেদের দৈনন্দিন জীবনে ব্যবহারিক আধ্যাত্মিকতার সমাবেশ করা উচিত! ব্যবহারিক আধ্যাত্মিকতার তাৎপর্য হচ্ছে এই যে, সর্বদা ভালো আর দয়ালু হয়ে থাকুন... সবার সাথে প্রেম করুন এবং সকলের ভালো চিন্তা করুন! আপনারা যদি বাস্তবে নিজেদের ব্যবহারিক জীবনে আধ্যাত্মিকতার সমাবেশ করতে চান... তাহলে মনের ইচ্ছাগুলোকে এক পাশে সরিয়ে রাখুন... কারণ যখনই আপনারা এমনটা করেন, আপনারা ঈশ্বরের কাছাকাছি হন! এটাই হচ্ছে ব্যবহারিক আধ্যাত্মিকতার সিদ্ধান্ত!

❑❑❑

35

নিজের জ্ঞানকে সক্রিয় করে তুলুন

কোন সফল ব্যক্তি জীবনের প্রতিটি ক্ষেত্রে নিজের জ্ঞানকে সক্রিয় করে তুলতে থাকেন আর জ্ঞানের এই স্ফূর্তি কেবলমাত্র তাঁর ব্যবসা অথবা কার্যক্ষেত্রের সাথেই যুক্ত হয়ে থাকে না... বরং এটা জীবনের বিভিন্ন ক্ষেত্র থেকে আরও বেশী মাত্রায় জ্ঞান একত্রিত করার সাথেও যুক্ত হয়ে থাকে! আমি আমার পাঠকদের জ্ঞানকে সক্রিয় করে তোলার জন্য তাঁদের সাথে বার্ট্রেণ্ড রাসেলের বিচারধারা ভাগ করে নিতে চাই! উনি এমনটা বলতেন – *"আধ্যাত্মিক জ্ঞানের কোন মনোরথ হয় না... বাস্তবিক শক্তি তো ব্যক্তির ভাবনার গণ্ডীতে জ্ঞানকে সক্রিয় করে তোলার মধ্যে রয়েছে! কোন-না-কোন জিনিষ এমন হওয়া উচিত... যেটা জ্ঞানকে সক্রিয় করে তুলবে... অন্যথা সেটা শিথিল হয়ে পড়বে!"* এজন্য দুনিয়ার সকল সফল ব্যক্তি সর্বদা নিজেদের জ্ঞানকে সক্রিয় করে রাখেন!

❑❑❑

36

প্রতিটি মুহূর্তে জীবনের আনন্দ উপভোগ করুন

আমাদের জীবনের সম্পূর্ণ আনন্দ উপভোগ করা উচিত আর এই আনন্দ কোন এক দিন, মাস বা কোন বিশেষ উপলক্ষ পর্যন্ত সীমিত থাকা উচিত নয়! সফলতার শিখরে বসে থাকা ব্যক্তি জীবনের প্রতিটি মুহূর্তের আনন্দ উপভোগ করেন! আপনারাও যদি নিজেদের জীবনে এই সিদ্ধান্ত গ্রহণ করেন... তাহলে আপনারা এমন এক দিব্য আনন্দের অনুভব করবেন... যেটা আপনাদের দিনচর্যার এক অভিন্ন অঙ্গ হয়ে উঠবে! তাই, এখন থেকেই জীবনের প্রতিটি মুহূর্তের আনন্দ উপভোগ করা শুরু করে দিন আর জীবনের আনন্দ উপভোগ করার সময় সেই পরমপিতা পরমেশ্বরকে ধন্যবাদ জানাতে ভুলে যাবেন না... যাঁর আশীর্বাদের দৌলতেই আপনাদের জীবনে এই আনন্দ রয়েছে!

❑❑❑

37

সর্বদা একে-অপরের প্রতি প্রেম ভাব বজায় রাখুন

জীবনে অপার সফলতা অর্জন করার রহস্য হচ্ছে মনের মধ্যে কারো প্রতি খারাপ মনোভাব বা দ্বেষ না রেখে সবার প্রতি প্রেম ভাব বজায় রাখা! পরিস্থিতি যেমনই হোক্ না কেন... সবার প্রতি প্রেম করে চলুন! জীবনে অপার সফলতা প্রাপ্ত করার এই ফর্মূলা সবার জীবন খুশীতে ভরিয়ে তোলে!

❑❑❑

38

ছোট জিনিষও সুন্দর হয়

সাধারণতঃ লোকেরা নিজেদের জীবনে সব কিছুই বড় প্রাপ্ত করতে চান, যেমন – বড় বাড়ী, বড় গাড়ী, বড় চাকরী, বেশী দৌলত ইত্যাদি-ইত্যাদি! যখন কি আমাকে মাদার টেরেসার উক্তি – *"ছোটও সুন্দর হয়!"* অত্যন্ত বেশী প্রভাবিত করে! আজ থেকে প্রায় 30 বছর আগে কোলকাতায় রাজভবনে আয়োজিত এক টী পার্টিতে মাদার টেরেসার সাথে মিলিত হওয়ার সৌভাগ্য আমার হয়েছিল! সেই অত্যন্ত সংক্ষিপ্ত সাক্ষাৎকারে আমি ওনাকে কোন মেসেজ লিখে দেওয়ার অনুরোধ জানালে উনি লিখেছিলেন – *"স্মল ইজ বিউটীফুল!"* আমি সর্বদা এমনটা মনে করি যে, ছোট জিনিষ বাস্তবেই সুন্দর হয়! এজন্য প্রতিটি ব্যক্তির সর্বদা অন্যদের জন্য ছোট-ছোট ভালো কাজ, দান আর সহায়তার কাজ করা উচিত! নিজেদের জীবনের বিভিন্ন পর্যায়ে মিলিত হওয়া লোকেদের জন্য করা এমন ছোট-ছোট কাজ আপনাদের বাস্তবে সফল করে তোলে!

❑❑❑

39

সর্বদা বর্তমানে বেঁচে থাকুন

যে সময় চলে গেছে... তাকে ভুলে যান! কখনো গতকালের কথা চিন্তা করবেন না... কেবল আজকের ওপরে মনোযোগ নিবদ্ধ করে রাখুন! এটা এমন এক অব্যর্থ মন্ত্র হয়... যেটা আপনাদের জীবনে আসা বেশ কিছু ছোটখাটো সমস্যার থেকে আপনাদেরকে বাঁচাতে পারে! আপনাদের কেবল এইটুকু করতে হবে যে, বর্তমানের ওপরে মনোযোগ কেন্দ্রীভূত করে রাখুন! না তো কেটে যাওয়া সময়ের ব্যাপারে ভাবনা-চিন্তা করবেন আর না-ই আগামী ভবিষ্যতের চিন্তা করবেন! যে বর্তমানে আপনারা বেঁচে রয়েছেন... সেটাকে ঈশ্বরের দান হিসেবে মনে করুন!

❑❑❑

40

ছুটোছুটির মধ্যেও সময় খুঁজে নিন

কোন অত্যন্ত সফল ব্যক্তি প্রত্যেক দিন নিজের জীবনের পথে আসা প্রতিটি সুযোগের লাভ ওঠানোর জন্য তৎপর হয়ে থাকেন! এমন সুযোগ আপনাদের ব্যবসা, চাকরী বা জীবনের যে কোন ক্ষেত্রে আসতে পারে! কিন্তু সত্যি কথা হচ্ছে এটা যে, সফল ব্যক্তিরা জীবনে আসা কোন সুযোগই হাতছাড়া করেন না! যখনই সুযোগ পাওয়া যাবে... সেই সুযোগ হাতছাড়া হতে দেবেন না আর এটা সর্বদা মাথায় রাখবেন যে, যখনই আপনাদের পারিবারিক জীবন, ব্যবসা বা চাকরীতে ছুটোছুটির পরিবেশের সৃষ্টি হবে... তখনও আপনারা তার মধ্যে সফলতা প্রাপ্ত করার কোন সুযোগ খুঁজে বার করুন! তাহলে যখনই আপনারা এমন পরিস্হিতির মুখোমুখি হবেন... তখন শান্তিতে বসে নিজেদের কাজের এমন প্ল্যান-প্রোগ্রাম তৈরী করুন... যেটা পরিস্হিতির অনুকূল হবে! এমনও হতে পারে যে, সেই পরিস্হিতি কোন স্বর্ণিম সুযোগে পরিবর্তিত হয়ে পড়বে!

❑❑❑

41

নিজের জীবনের ব্যালান্স শীট পড়তে শিখুন

আপনাদের কেবল নিজেদের ব্যবসার সাথে যুক্ত সম্পত্তি আর দেনদারীর ব্যালান্স শীট তৈরী করলেই হবে না... বরং নিজেদের জীবনের পুঁজি আর কর্তব্যের বিবরণও তৈরী করতে হবে! সকল সফল ব্যক্তিরা লাগাতার নিজেদের জীবনের ব্যালান্স শীটের অধ্যয়ণ করতে থাকেন! কোন ব্যবসায়ীর ব্যলান্স শীটের মতই জীবনের ব্যালান্স শীটে আপনাদের প্রাপ্তি আর দায়িত্বের সম্পূর্ণ বিবরণ থাকে! এজন্য সময় বার করে নিজেদের জীবনের ব্যালান্স শীট তৈরী করুন... যাতে আপনাদের আর্থিক অবস্থাই শুধু নয়... বরং বাস্তবিক জীবনের বিবরণও থাকবে! এই ব্যালান্স শীটে সময়ে-সময়ে নিজেদের গুণ আর দোষগুলোর মূল্যাংকন করতে থাকুন! সর্বদা এটা মাথায় রাখবেন যে, এটা কোন সাধারণ ব্যালান্স শীটের মত কাগজের টুকরো নয়... এটা হচ্ছে আপনাদের মনে তৈরী হতে থাকা ব্যালান্স শীট – যেটা আপনাদের জীবনে আনন্দ আর শান্তি নিয়ে আসবে এবং আপনাদের সামনে সফলতার দ্বার উম্মুক্ত করে দেবে!

❑❑❑

42

যোগ্যতা বনাম ইচ্ছা ঃ আপনার প্রসন্নতার রাজপথ

জীবনে সফলতার শিখর স্পর্শ করা ব্যক্তিদের মনে অনেক ইচ্ছা থাকে... যেগুলো তাঁরা পূরণ করতে চান! এটা দোষের কিছুই হয় না যে, আপনারা কিছু প্রাপ্ত করার ইচ্ছা করবেন আর তারপর সেটা প্রাপ্ত করার জন্য প্রাণপন মেহনত করবেন! কিন্তু বাস্তবিক জীবনে অনেক বার কঠিন পরিশ্রম করার পরেও মনের ইচ্ছা পূরণ হতে পারে না! এমন পরিস্হিতি আমাদের নিরাশ আর অস্হির করে তোলে! জীবনের এমন বাঁকে সফলতার বাদশাহেরা অপূর্ণ ইচ্ছার পরিণামের ব্যাপারে কখনো চিন্তা করেন না! তাঁদের *'যোগ্যতা বনাম ইচ্ছা'* উক্তিতে গভীর আস্হা থাকে! যখনই আপনাদের জীবনে এমন কোন বাঁক আসবে... তখনই এমনটা ধরে নিন যে, পরমেশ্বর আপনাদের সেটাই প্রদান করবেন... যেট প্রাপ্ত করার মত যোগ্যতা আপনাদের মধ্যে রয়েছে... আপনারা সেটা কখনোই প্রাপ্ত করবেন না, যেটা আপনারা ইচ্ছা করবেন! আপনারা নিজেদের মনের মধ্যে এমন চিন্তাধারা ঢুকিয়ে নিন... আপনারা জীবনে আপনা থেকেই অপার খুশী প্রাপ্ত করবেন!

❑❑❑

43

প্রতি তিন মাস পরে-পরে একান্তে বসে আত্ম-দর্শন

প্রতি তিন মাস পরে-পরে একান্তে বসে নিজেদের দৈনন্দিন জীবনের ওপরে চিন্তন করুন! দু ঘন্টার জন্য কোন একান্ত স্হানে কাগজ আর পেন নিয়ে বসে পড়ুন! এটা সুনিশ্চিত করে নিন যে, এই সময় আপনাদের বিচারধারায় যেন কোন প্রকারের বিঘ্ন না পড়ে! এই ত্রৈ-মাসিক আত্ম-দর্শনের জন্য এমন কোন একান্ত স্হান বেছে নিন... যেখানে আপনারা আনন্দ আর শান্তির অনুভূতি প্রাপ্ত করবেন আর আরাম করে বসে নিজেদের জীবন, লক্ষ্য, মিশন, সফলতা আর ব্যর্থতার ওপরে নিজেদের মনোযোগ কেন্দ্রীভূত করে তুলুন! এই সময়ে আপনারা কেবল নিজেদের ব্যবসা আর চাকরীর ব্যাপারেই চিন্তা করবেন না... বরং নিজেদের সামাজিক গতিবিধি, আত্মীয়-স্বজন, পরিবার আর বাচ্চাদের প্রতি নিজেদের দায়িত্বের ওপরেও ভাবনা-চিন্তা করবেন! এই প্রকারের আত্ম-দর্শন আপনাদের জীবনকে খুশীতে ভরিয়ে তুলবে আর আপনাদের মনও লক্ষ্যের ওপরে কেন্দ্রীভূত হয়ে থাকবে!

❑❑❑

44

"আপনার বিশ্বাস আমাদের গৌরব" সিদ্ধান্ত গ্রহণ করুন

প্রতিটি ব্যক্তিরই জীবনে কিছু অমূল্য উপদেশ মেনে চলা উচিত! এই সব উপদেশকে নিজেদের জীবনের সিদ্ধান্ত করে তোলার আগে ভালো করে ভাবনা-চিন্তা করে নিন! কিন্তু একবার যখন আপনারা এগুলোকে নিজেদের জীবনে গ্রহণ করে নেবেন... তারপর আর সেগুলোর থেকে সরে যাবেন না! যে ব্যক্তি নিজের জীবনে অপার সফলতা প্রাপ্ত করার ইচ্ছা রাখেন... তাঁর নিজের জীবনে সদাচারের সমাবেশ করা উচিত! আমার মনে আছে যে, দিল্লীর চেম্বার অফ্ কমার্সে এমন এক ধারণা প্রচলিত হয়ে আছে যে, সদাচারের সিদ্ধান্তই হচেছ ভালো ব্যবসা! এই প্রকার আমি এটাও মনে করি যে, আপনারা যদি খরিদ্দারদের বিশ্বাস জিতে নিতে পারেন... তাহলে সেটা আপনাদের পক্ষে গৌরবের ব্যাপার হবে!

❑❑❑

45

আপনি ভাবনাগুলোকে নিয়ন্ত্রিত করুন... ভাবনা যেন আপনাকে নিয়ন্ত্রিত না করে

আমি এমনটা বিশ্বাস করি আর এটাই হচ্ছে আমার দৈনন্দিন জীবনে ভাবনার মোকাবিলা করার পদ্ধতি! এই একটি মেসেজ অনেক উচ্চ শ্রেণীর কর্পোরেট অফিসারদের নিজেদের জীবনে পরিবর্তন নিয়ে আসতে আর তাঁদেরকে নিজেদের কার্যক্ষেত্রে সফল ব্যক্তি হিসেবে যোগ্য করে তুলতে সহায়ক প্রমাণিত হয়েছে! বিশ্বাস করুন... আমি যখন এমনটা বলি যে, প্রত্যেক ব্যক্তিকে অবশ্যই নিজের ভাবনার ওপরে নিয়ন্ত্রণ বজায় রাখা উচিত... তখন আমার সেই বক্তব্যের এমন তাৎপর্য হয় না যে, যে কোন ব্যক্তি যে কোন সময়, যে কোন পরিস্থিতিতে নিজেকে ভাবনাত্মক রূপে দুর্বল করে তুলবেন!

❑❑❑

46

নিজের স্বপ্নের পুস্তক পড়ুন

দিনের মধ্যে একটা আপেলের সেবন সকল প্রকারের রোগকে দূরে রাখে! এই উক্তি আমরা কেবল গত কয়েক বছর ধরে শুনেই আসছি না... বরং আমরা যখনই কোন ডাক্তারের ক্লিনিকে যাই... তখন সেখানে দেওয়ালে টাঙ্গানো বোর্ডে আমরা আপেলের গুরুত্বের ব্যাপারেও জানতে পারি! এই প্রকারের পরিস্থিতি সেই সব ব্যক্তিদের জীবনেও আসে... যাঁরা জীবনে অত্যন্ত সফলতা অর্জন করতে চান! তাঁদেরও নিজেদের সেই সব স্বপ্ন... যেগুলো সময়ে-সময়ে তাঁদের মনে আসতে থাকে, একটা ডায়রীতে লিখে রাখা উচিত! আজে হ্যাঁ... নিজেদের স্বপ্নগুলোকে সঠিক ভাবে লিখে রাখাটা এক ভালো অভ্যাস হয়... কারণ আপনারা এটা জানেন না যে, আপনাদের কোন্ স্বপ্ন কখন সাকার হয়ে উঠবে! মনে বিচার আসতে থাকে আর আমাদের সেই সব প্রতিটি বিচারকে স্বাগত জানানো উচিত! এই প্রকার স্বপ্নও আসতে থাকে আর যখন সেগুলো আসবে... তখন সেগুলোকে স্বাগত জানান আর সেগুলোকে নিজেদের ডায়রীতে নোট করে রাখুন! কেবল নিজেদের স্বপ্নগুলোকেই নোট করে রাখলে চলবে না... মাসে একবার সেগুলোর রিভিউ-ও করা উচিত! নিজেদের ব্যস্ত দিনচর্যা থেকে কম পক্ষে মাসে একবার নিজেদের *'স্বপ্ন-পুস্তক'* পড়ুন!

❑❑❑

47

অতুলনীয় সফলতা প্রাপ্ত করার জন্য ইতিবাচক দৃষ্টিকোণ বজায় রাখুন

নিজেদের জীবনে প্রতিটি মুহূর্ত ইতিবাচক দৃষ্টিকোণ বজায় রাখুন! কখনোই কোন মুহূর্তে নেতিবাচক হয়ে থাকবেন না... তা সেটা ব্যবসার ক্ষেত্র হোক, পারস্পরিক সম্পর্ক হোক, পরিবার হোক, সমাজ হোক বা অন্য কিছু! জীবনের প্রতিটি মুহূর্তে ইতিবাচক দৃষ্টিকোণ বজায় রাখার অভ্যাস গড়ে তুলুন!

❑❑❑

48

মনে অনিশ্চয়তার ভাবনা রাখবেন না

সকল ব্যক্তিদের... বিশেষ করে যাঁরা জীবনে অভূতপূর্ব সফলতা অর্জন করতে চান – তাঁদের ভবিষ্যতের অনিশ্চয়তার ভাবনা থেকে নিজেদের দূরে সরিয়ে রাখা উচিত! আপনাদের দ্বারা করা বেশীর ভাগ কাজ নিজের সাথে করে অনিশ্চয়তা নিয়ে আসে! সেই অনিশ্চয়তা আপনাদের সেই অমূল্য সময় নষ্ট করে দেয়... যে সময়টা আপনারা নিজেদের আটকে থাকা কাজগুলো শেষ করার কাজে লাগাতে পারতেন! আপনারা যদি অনিশ্চয়তাকে নিজেদের শরীর-মনের ওপরে প্রভাব বিস্তার করে নিতে দেন... তাহলে আপনাদের স্বাস্থ্যের ওপরে অবশ্যই খারাপ প্রভাব পড়বে! এজন্য আপনারা যদি এমনটা চান যে, আপনাদের ভালো কাজে কোন প্রকারের বাধা-বিঘ্ন না আসুক আর আপনারা আনন্দে জীবন কাটান... তাহলে আপনাদের অনিশ্চয়তার হাত থেকে বাঁচতেই হবে! আমি এমন বেশ কিছু ব্যক্তিদের দেখেছি... যাঁরা নিজেদের অনিশ্চয়তার ওপরে নিয়ন্ত্রণ প্রাপ্ত করতে পারেন না! তাঁরা নিজেদের জীবনের পুরো একটা দিন এই অনিশ্চয়তার কারণে নষ্ট করে ফেলেন! এজন্য নিজেদের সর্বদা ভবিষ্যতের অনিশ্চয়তার থেকে দূরে সরিয়ে রাখুন!

❑❑❑

49

নিজেকে এক বহুমূল্য হীরা মনে করুন

নিজেকে এক ছোট্ট প্রশ্ন করুন – *"আপনারা কি সত্যি হীরা?"* যদি আপনারা একান্তে আয়নার সামনে দাঁড়িয়ে নিজেদের এই প্রশ্নটা করেন আর যদি আপনাদের উত্তর আর কেউ শুনতে না পায়... তাহলে নিশ্চিত রূপে আপনাদের সেই উত্তর *'না'* হবে! কখনো এমনটা চিন্তা করবেন না যে, আপনারা কোন বহুমূল্য রত্ন নন! সর্বদা এমনটাই চিন্তা করুন যে, আপনারা সত্যি-সত্যি এক বহুমূল্য হীরা! নিজের ওপরে সম্পূর্ণ বিশ্বাস রাখুন! কেবলমাত্র এমন চিন্তা করলেই আপনারা বহুমূল্য হীরা হয়ে উঠবেন!

❑❑❑

50

ভবিষ্যতের অনিশ্চয়তার মোকাবিলা

আপনারা যদি নিজেদের মধ্যে ভবিষ্যতের অনিশ্চয়তার মোকাবিলা করার গুণ বিকশিত করে নিতে পারেন... তাহলে আপনারা সত্যি-সত্যি প্রশংসার যোগ্য! এটা সর্বদা মাথায় রাখবেন যে, ভবিষ্যতের যে অনিশ্চয়তা আপনাদের জীবনে আসতে চলেছে... সেটার ব্যাপারে কেউ-ই জানে না! এমন অনেক কিছুই হতে পারে, আবার কিছুই না হতে পারে! কিন্তু আপনারা যদি তখনও জীবনে ভবিষ্যতের অনিশ্চয়তার ব্যাপারে চিন্তা করে চলেন... তাহলে আপনাদের রচনাত্মক এনার্জী ধীরে-ধীরে সমাপ্ত হয়ে আসতে লাগবে! এজন্য আপনারা ইতিবাচক চিন্তা করুন... আগামী বছরগুলোয় যা কিছু হতে চলেছে, সেই সব ব্যাপারে একেবারেই চিন্তা করবেন না! একটা জিনিষ মাথায় রাখবেন, যদি খারাপ কিছু হওয়ার থাকে... তাহলে সেটা হবেই! আপনারা সেটাকে কিছুতেই আটকাতে পারবেন না! কিন্তু আপনারা ভবিষ্যতের অনিশ্চয়তার ব্যাপারে ভাবনা-চিন্তা করাকে নিশ্চিত রূপে আটকাতে পারেন! এজন্য বুদ্ধিমান আর জীবনে সফলতা প্রাপ্ত করতে ইচ্ছুক ব্যক্তিরা সর্বদা জীবনে আসা অনিশ্চয়তার মোকাবিলা করার জন্য প্রস্তুত হয়ে থাকেন!

❑❑❑

51

সন্তুলিত আর পৌষ্টিক আহারের সেবন করুন

আপনারা এয়ারপোর্ট, মল আর হোটেলে প্রায়ই *'সিকিউরিটি চেক্'* হতে দেখেছেন অথবা শুনেছেন ! এই প্রকারের *'সিকিউরিটি চেক্'* আপনাদের নিজেদের ভোজনেও রাখতে হবে অর্থাৎ সর্বদা নিজেদের ভোজনের পৌষ্টিকতার প্রতি সজাগ হয়ে থাকুন ! জীবনে অতুলনীয় সফলতা প্রাপ্ত করার জন্য আপনাদের সর্বদা সুস্হ আর ফিট্ থাকতে হবে ! আপনাদের দৃষ্টি সর্বদা... প্রতিটি মুহূর্তে ভালো স্বাস্হ্যের ওপরে নিবদ্ধ হয়ে থাকা উচিত ! ভালো স্বাস্হ্যের জন্য এটা অত্যন্ত আবশ্যক হয় যে, হোটেলের *'সিকিউরিটি চেক্'*-য়ের মত আপনারা নিজেদের ভোজনেও *'সিকিউরিটি চেক্'*-য়ের ব্যবস্হা করবেন ! এজন্য আপনাদের প্রথম প্রাথমিকতা সন্তুলিত আর পৌষ্টিক আহারকে দেওয়া উচিত... কারণ অসন্তুলিত ভোজন আপনাদের স্বাস্হ্য খারাপ করে তুলবে আর খারাপ স্বাস্হ্য আপনাদের রচনাত্মক কাজের ওপরে খারাপ প্রভাব বিস্তার করবে !

❑❑❑

52

অতুলনীয় সফলতার একমাত্র রাস্তা – প্রসন্ন হয়ে থাকা

বাস্তবিক জীবনে এমন অনেক কাজ থাকে... যেগুলো আপনাদের হয়তো অভূতপূর্ব সফলতা প্রদান করেছে! কিন্তু একটা কথা মনে রাখবেন যে, আপনাদের সর্বদা প্রসন্ন আর প্রফুল্লিত হয়ে থাকতে হবে! আপনারা যদি খুশী থাকেন... তাহলে আপনারা ক্লান্ত না হয়ে নিজেদের কাজের আনন্দ উপভোগ করতে পারবেন! এটাই হচ্ছে জীবনের পরম সত্য! আমি জীবনে সফলতা প্রাপ্ত করতে ইচ্ছুক সকল ব্যক্তিদের একটাই পরামর্শ দিতে চাইব যে, আপনারা *'খুশীর মুহূর্তগুলো'* প্রতি দিন ডায়রীতে লিখে রাখুন! আমার এই পরামর্শ কর্পোরেট জগতের সি.ই.ও. আর সি.এফ.ও.-দের ওপরে দারুণ প্রভাব ফেলেছে! আমি ভারতের শ্রেষ্ঠ বিজনেস অফিসারদের এমন পরামর্শ দিয়েছি যে, তাঁরা সাধারণ ডায়রীর মত *'খুশীর মুহূর্তগুলোর'* ডায়রীও রাখুন! এই ডায়রী আপনাদের আনন্দ, শান্তি আর প্রসন্নতা প্রদান করবে! এই ডায়রী তৈরী করার পদ্ধতি অত্যন্ত সরল আর সাধারণ! এক খালি ডায়রী নিন... সেটার প্রতিটি পৃষ্ঠায় দিন আর মাস লিখুন! প্রতিটি দিনের জন্য একটা করে পেজ নির্দিষ্ট রাখুন! পেজের বাঁ দিকে *'খুশীর মুহূর্ত'* শীর্ষক দিন আর ডান দিকে *'অপ্রসন্নতার মুহূর্ত'* শীর্ষক দিন! প্রতি দিন রাতে ঘুমোনোর আগে নিজেদের ব্যস্ত দৈনন্দিন দিনচর্যা থেকে পাঁচটা মিনিট সময় বার করে এই ডায়রী লিখুন! *'খুশীর মুহূর্ত'* শীর্ষকের নীচে সারা দিনের সেই সব কথা বা পয়েন্টস্ লিখুন... যেগুলো আপনাদের প্রসন্নতা প্রদান করেছে! ঠিক সেই প্রকার *'অপ্রসন্নতার মুহূর্ত'* শীর্ষকের নীচে সেই সব মুহূর্তগুলো লিখুন... যেগুলো আপনাদের অপ্রসন্নতা প্রদান করেছে! শেষে আপনারা প্রসন্নতা আর অপ্রসন্নতা – দুটোকে পরীক্ষা করে দেখুন আর নিজেদের সেদিনের প্রসন্নতা পরীক্ষা করার জন্য 10-য়ের মধ্যে কোন একটা নম্বর

দিন! আপনাদের যদি খুশীর মুহূর্তগুলো থেকে 10-য়ের মধ্যে 5 নম্বরও প্রাপ্ত হয়... তাহলেও আপনারা এমনটা ভাবতে পারেন যে, আপনাদের জীবন সুখময় আর শান্ত! আর আপনাদের *'খুশীর মুহূর্ত'* যদি 5 নম্বরের থেকে কম হয়... তাহলে ধরে নিতে পারেন যে, আপনাদের জীবনে কোথাও-না-কোথাও কোন গড়বড় আছে – সেটার সংশোধন করে নিন! আপনাদের লক্ষ্য *'খুশীর মুহূর্ত'*-কে 7 নম্বর পর্যন্ত নিয়ে আসা হওয়া উচিত! এই সব *'খুশীর মুহূর্ত'*-গুলোর ডায়রী বানিয়ে রাখার সব থেকে বড় লাভ হচ্ছে এটা যে, আপনারা প্রতি দিন নিজেদের সেই সব *'খুশীর মুহূর্ত'* গুনতে পারবেন! এই জিনিষটারও অন্য আরও একটা লাভ এটাও রয়েছে যে, আপনাদের যদি এমনটা মনে হয় যে, আপনাদের জীবনে *'খুশীর মুহূর্ত'* কম... তাহলে আপনারা সেই সব মুহূর্ত বাড়ানোর ব্যাপারে ভাবনা-চিন্তা করতে পারেন আর তাতে সংশোধন নিয়ে আসতে পারেন! এই ডায়রী আপনাদের জীবনে এক আশ্চর্যজনক পরিবর্তন নিয়ে আসতে পারে! আপনারা নিজেদের জীবনের *'খুশীর মুহূর্ত'*-গুলোর এই ডায়রী অর্থাৎ *'হ্যাপীনেস ডায়রী'* ডায়মণ্ড বুকস থেকে কিনতে পারেন!

❑❑❑

53

মন আর শরীরের শান্তময় অবস্থা

প্রতিটি মুহূর্তে আপনাদের মনের অবস্থা শান্তময় হয়ে থাকা উচিত! আপনারা যদি নিজেদের মনের শান্তময় অবস্থা বজায় রাখতে সক্ষম হন, তাহলে সেটা কেবল আপনাদের শান্তিই প্রদান করবে না... সেটা আপনাদের প্রসন্নতার পথে নিয়ে যেতেও সহায়ক প্রমাণিত হবে! আপনারা যদি নিজেদের মনকে শান্ত আর শীতল রাখতে সক্ষম হন... তাহলে সেটা আপনাদের নিজেদের গুরুত্বপূর্ণ ব্যবসায়িক নির্ণয় এবং গুরুত্বপূর্ণ ব্যবসায়িক চিন্তাধারাকে তীব্রতার সাথে এগিয়ে নিয়ে চলতে সহায়ক হতে পারে! শান্তময় মনের জীবন্ত উদাহরণ দুনিয়ার শ্রেষ্ঠ সার্জনদের জীবনে দেখা যেতে পারে... কারণ তাঁরা প্রতি মুহূর্তে নিজেদের মনকে শান্ত আর স্হির রাখেন... এজন্যই তাঁরা প্রতিটি সাজারী স্পষ্টতা আর পরিপূর্ণতার সাথে করতে সক্ষম হন! এজন্য প্রতিটি সফল ব্যক্তি নিজেদের জীবনে অতুলনীয় সফলতা হাসিল করার জন্য মন আর শরীরকে লাগাতার শান্তময় করে রাখেন!

❑❑❑

54

ভুল করুন, সেটা মেনে নিন... কিন্তু পুনরাবৃত্তি করবেন না

জীবনের বিভিন্ন পর্যায়ের ভেতর দিয়ে যেতে থাকার সময় আমাদের দ্বারা ভুল হয়ে পড়াটা অত্যন্ত স্বাভাবিক হয়! জীবনে করা এই সব ভুলের জন্য চিন্তিত বা অস্হির হয়ে উঠবেন না! অনেক বার এমনও হয় যে, কোন বিশেষ ভুল করে ফেলার পরে আমরা নিজেদেরকে অপরাধ-বোধে গ্রস্ত করে ফেলি... আবার অনেক বার এমনও হয় যে, আমরা কোন মূর্খের মত ভুল করে ফেলার জন্য নিজেদের দোষারোপ করতে থাকি! ভুল করে ফেলার জন্য এতটুকু চিন্তিত হবেন না! আমার জীবনের সরল আর সাধাসিধে ফর্মূলা হচ্ছে এটা যে, ভুল করুন... কিন্তু সেটাকে স্বীকার করে নেওয়ার মত সাহসও রাখুন! আর একটা অন্তিম গুরুত্বপূর্ণ মন্ত্র হচ্ছে এটা যে, একই ভুলের পুনরাবৃত্তি করবেন না! আমরা যদি নিজেদের জীবনে এই ফর্মূলা, এই মন্ত্র গ্রহণ করে নিই... তাহলে আমরা নিশ্চিত রূপে অসাধারণ সফলতার পথে অত্যন্ত তীব্রতার সাথে এগিয়ে চলতে পারব!

❑❑❑

55

বছরে একবার মৌন ব্রতের পালন করুন

আপনারা যখন নিজেদের জীবনে উৎকৃষ্ট সফলতা প্রাপ্ত করতে চাইছেন... তাহলে আপনারা বছরে একবার 24 ঘন্টার জন্য মৌন ব্রত অথবা বিচারের শূণ্যতার অসাধারণ অনুভবে লিপ্ত হয়ে থাকার ব্যাপারে ভাবনা-চিন্তা করতে পারেন! হ্যাঁ... এটা সত্য যে, আপনারা যত বেশী ব্যস্ত হবেন, এই 24 ঘন্টার মৌন ব্রত আপনাদের কাছে তত বেশী অবাস্তবিক বলে মনে হবে! এই সুন্দর জিনিষটাকে আমি নিজে অনুভব করেছি আর আমার নিজের সেই অনুভব দ্বারাই *'বিচারের শূণ্যতা'* প্রোগ্রাম করার ভাবনা-চিন্তা আমার মনে এসেছিল! আমি এই বিচারের প্রেরণা রাষ্ট্রপিতা মহাত্মা গান্ধীর থেকে প্রাপ্ত করেছিলাম! গান্ধী জী প্রতি সপ্তাহে 24 ঘন্টার মৌন ব্রত রাখতেন! এমন কি যদি কোন বিদেশী মহানুভবও সেই সময় ওনার আশ্রমে ওনার সাথে দেখা করার জন্য আসতেন... তখনও গান্ধী জী তাঁর সাথে কথা বলতেন না... বরং কাগজে লিখে নিজের বক্তব্য বোঝাতেন! গান্ধী জী নিজের মৌন ব্রতের সময় গোটা বিশ্বের উচ্চ শ্রেণীর ব্যক্তিদের সাথেও কাগজে লিখে বার্তালাপ করতেন! আমার অত্যন্ত প্রসন্নতার অনুভব হবে... যদি আপনারাও গান্ধী জী-র মত প্রতি সপ্তাহে না হলেও প্রতি বছরে কম পক্ষে একবার মৌন ব্রত রাখার নিয়ম পালন করেন! সম্পূর্ণ বিচারের শূণ্যতা বলতে আমি এটা বোঝাতে চাইছি যে, প্রাতঃ 6-টা থেকে পরের দিন প্রাতঃ 6-টা পর্যন্ত আপনারা মৌন হয়ে থাকুন অর্থাৎ আপনারা মুখে কিছুই বলবেন না! আপনারা কারো সাথে কথা না বলে নিজেদের দিনচর্যার কাজ, যেমন – লেখা, পড়া, টি.ভি. বা ফিল্ম দেখা এবং ইন্টারনেটের সাথে সম্বন্ধিত ক্রিয়াগুলো যথাবত করে চলুন! আপনারা মুখে কথা বলা

ছাড়া বাকী সব কাজ করতে পারেন! 24 ঘন্টার মৌন ব্রতের পরে যখন আপনাদের বিচারের শূণ্যতার অনুভূতি হতে লাগবে... তখন ঘরের কোন এক কোনায় বসে আপনারা এই 24 ঘন্টায় মনে আসা বিচারগুলোর অনুভব লিখে রাখুন! আপনারা এই 24 ঘন্টার মৌন ব্রত দ্বারা নিজেদের জীবনে অসংখ্য চমৎকার অনুভব করবেন! এমন কি আপনারা সেই সব সমস্যার সমাধানও দেখতে পাবেন... যেগুলোর সমাধান দীর্ঘ সময় ধরে আপনাদের কাছে ছিল না! এজন্য আজ থেকেই আপনারা 24 ঘন্টার মৌন ব্রত রাখার ব্যাপারে ভাবনা-চিন্তা করতে শুরু করে দিন! এই মৌন ব্রত আপনাদের জীবনে এক চমৎকারী পরিবর্তন নিয়ে আসবে! ভালো পরিণামের জন্য আপনারা এই মৌন ব্রত সবার প্রথমে বছরে একবার আর তারপর ধীরে-ধীরে মাসে একবার রাখুন! এই সরল-সাধারণ মৌন ব্রত আপনাদের অত্যন্ত চমৎকারী পরিণাম প্রদান করবে! আমি এখানে নিজের পাঠকদের সাথে আজ থেকে কয়েক বছর আগে ঘটা এক ঘটনা ভাগ করে নিতে চাই... যেটা আমি 24 ঘন্টার মৌন ব্রতের অনুভব থেকে প্রাপ্ত করেছিলাম! আমি নিজের *'ইন্‌ভেস্টর্স ক্লাব'*-য়ের সদস্যদের সাথে... যাঁদের মধ্যে আমার মিত্র-আত্মীয় পুরুষ-মহিলারা ছিলেন... এই ধরণের এক প্রোগ্রাম 100 সদস্যের সাথে রাখার ব্যাপারে ভাবনা-চিন্তা করি! আমি 100 সদস্যের সাথে এক মৌন ব্রত অনুষ্ঠানের আয়োজন করি! এর জন্য আমরা সকলে দিল্লী থেকে ব্রহ্মাকুমারীদের আশ্রমে যাই... যেখানে আমাদের মৌন ব্রত রাখার ছিল! শুরুর দিকে 24 ঘন্টার মৌন ব্রত রাখাটা সকলের পক্ষে... বিশেষ করে মহিলাদের পক্ষে অত্যন্ত অসম্ভব ছিল! কিন্তু আমি আপনাদের একটা কথা জানাতে চাই যে, শেষ পর্যন্ত আমাদের সেই প্রচেষ্টা সফল হয়েছিল আর সকল সদস্যরা পূর্ণ মৌন ব্রত পালন করেছিলেন! তাঁদের মধ্যে পুরুষ, মহিলা, বৃদ্ধ, বৃদ্ধা আর বাচ্চা – সকলে শামিল ছিলেন! এক আশ্চর্যজনক জিনিষ আমি এখানে আপনাদের জানাতে চাই যে, যেসব সদস্যরা 24 ঘন্টার মৌন ব্রত রেখেছিলেন... তাঁদের প্রত্যেকের অনুভব অত্যন্ত চমৎকার ছিল আর তাঁদের কাছে অন্যদের বলার মত মত অনেক কিছু ছিল! আমি নিজের সকল পাঠক আর তাঁদের পরিবারের সদস্যদের কাছে অনুরোধ জানাচ্ছি যে, তাঁরাও এই অদ্ভূত জাদু-বিচারের শূণ্যতা অর্থাৎ মৌন ব্রতের অনুভব করুন! আপনারা যদি এমনটা অনুভব করেন যে, আপনারা ব্যক্তিগত রূপে এই জাদু অনুভব করতে অক্ষম... তাহলে আপনারা

আমার সাথে, আমার ই-মেল slakhotia@satyam.net.in-তে যোগাযোগ করতে পারেন অথবা আপনারা আমাকে চিঠিও লিখতে পারেন... অবশ্য যদি আপনারা এই প্রোগ্রামের প্রতি আগ্রহী হন! এর পরে যখনই এর পরে কখনো এই প্রোগ্রামের আয়োজন করা হবে... আমি আগে থেকে আপনাদের সেই ব্যাপারে জানিয়ে দেব! আপনারা সেই প্রোগ্রামে অংশ গ্রহণ করলে আমার অপার প্রসন্নতা হবে! মৌন ব্রত অনুষ্ঠানে অংশ গ্রহণ করলে আপনারা এটা দেখতে পাবেন যে, অতুলনীয় সফলতা আপনাদের আরও কাছাকাছি চলে এসেছে!

❑❑❑

56

সতর্ক শ্রোতা হোন্ আর স্বীকৃতিসূচক ঘাড় নাড়তে থাকুন

সঠিক সময়ে সঠিক পদ্ধতিতে সতর্ক শ্রোতা হয়ে উঠুন আর অন্যদের কথা মনোযোগ সহকারে শুনুন ! নিজেদের ব্যক্তিত্বে এক বাস্তবিক হীরার মত চমকের সৃষ্টি করে এমন এক ব্যক্তিত্ব গড়ে তুলুন... যেটাকে উৎকৃষ্ট আর সফল ব্যক্তিদের শ্রেণীতে রাখা যেতে পারে ! এজন্য মনোযোগ সহকারে অন্যদের কথা শোনার গুণ নিজেদের মধ্যে বিকশিত করে তুলুন আর '*স্বীকৃতিসূচক*' ঘাড় নাড়তে থেকে বক্তার বক্তব্য শুনতে থাকুন ! আপনাদের কেবল মনোযোগ সহকারে অন্যদের কথা শুনলেই হবে না... বক্তার যেন এমনটা মনে হয় যে, আপনারা তাঁর কথা মনোযোগ সহকারে শুনছেন আর তাঁর বিচারধারার প্রতি সম্মানও প্রদর্শন করছেন !

❑❑❑

57

অভূতপূর্ব সফলতার জন্য নিজের বাড়ী-ঘর বন্ধক রাখুন

যে ব্যক্তি জীবনে বেশী অর্থ উপার্জন করতে চান আর যে ব্যক্তি এমনটা চিন্তা করেন যে, জীবনে অভূতপূর্ব সফলতার মাপদণ্ডকে আর্থিক মাপদণ্ডের সাথে যুক্ত করা যেতে পারে... তেমন ব্যক্তির জন্য আমার সরল মন্ত্র হচ্ছে এই যে, জীবনে অসাধারণ সফলতা প্রাপ্ত করার জন্য তিনি নিজের বাড়ী-ঘর বন্ধক রেখে সেই পয়সায় বড় কোন ব্যবসা শুরু করুন ! সেই পয়সা সুদে খাটান ! ব্যবসায় আরও বেশী পয়সা উপার্জন করে জীবনে সফলতা প্রাপ্ত করুন... কারণ এমনটা বলা হয়ে থাকে – *"বেশী অর্থ... অতুলনীয় সফলতা !"*

❑❑❑

58

অতিরিক্ত টাকা-পয়সা না নিয়ে কাজকে অতিরিক্ত সময় দিন

আপনাদের বস্ আপনাদের ওভার টাইমের জন্য অতিরিক্ত পয়সা দেন আর এজন্যই আপনারা ওভার টাইম করেন! এর থেকে বড় অথবা মহান আর কিছুই হতে পারে না... কারণ এই দুনিয়ায় প্রত্যেক ব্যক্তি অতিরিক্ত পয়সার জন্যই ওভার টাইম করেন! কিন্তু আপনারা সাধারণ ব্যক্তি নন... আপনারা জীবনে অসাধারণ সফলতা অর্জন করতে চান! এজন্য আপনাদের কোন অতিরিক্ত পয়সা ছাড়াই ওভার টাইম করতে হবে! এই বিচারকে নিজেদের জীবনে একবার ব্যবহারিক রূপে প্রয়োগ করুন... আপনারা এমনটা দেখতে পাবেন যে, এর থেকে আপনাদের দীর্ঘকালীন রূপে লাভ প্রাপ্ত হবে! এবার আপনাদের অতিরিক্ত পয়সার দাবী না করে কিছু অতিরিক্ত কাজ করতে হবে আর এর ফলে বস্ আপনাদের আরও কাছাকাছি চলে আসবেন... সংগঠন আপনাদের প্রতিশ্রুতিবদ্ধতার প্রশংসা করবে আর এই ক্রিয়া আপনাদের এক সহযোগীর রূপে নিজেদের বস্ পর্যন্ত পৌঁছে দেবে আর তারপর সেই রাস্তা আপনাদের সামনে চলে আসবে... যে পথে চলে আপনারা দৃঢ় পদক্ষেপে অভূতপূর্ব সফলতার দিকে এগিয়ে চলবেন!

❑❑❑

59

উৎকৃষ্ট সফলতার জন্য সর্বদা পূর্ণ রূপে সুস্থ থাকুন

যেসব ব্যক্তি জীবনে অসাধারণ সফলতা প্রাপ্ত করার পথে অগ্রসর হয়ে রয়েছেন... তাঁদের প্রত্যেককে নিজেদের মনে এই কথাটাকে ঢুকিয়ে নেওয়া উচিত যে, তাঁদের সব সময় শারীরিক রূপে সুস্থ থাকা উচিত! সুস্থ থাকার এই মূল সিদ্ধান্ত গ্রহণ করার জন্য আপনাদের সামনে বেশ কয়েকটা পদ্ধতি রয়েছে, যেমন – আধ্যাত্মিক, রোগ শমন, প্রাণায়াম, যোগাভ্যাস আর সাধনা! এই সব ক্রিয়া আপনাদের সারা দিন ফিট্ রাখবে আর তার ফলে আপনাদের কার্যক্ষমতা বৃদ্ধি পাবে এবং এই বৃদ্ধি আপনাদের সফলতার পথকে আরও বেশী সরল করে তুলবে!

❑❑❑

60

জীবনে বিশেষ সফলতা প্রাপ্ত করার জন্য উৎসুক হোন্

সর্বদা নতুন কাজ, নতুন চিন্তাধারা, ভবিষ্যতের সম্ভাবনা আর নিজেদের ভবিষ্যতের সফলতার প্রতি উৎসুক হয়ে থাকুন! আপনাদের এই উৎসুকতা একবার থেমে গেলে সেখানেই আপনাদের সফলতার গাড়ীর ব্যাক গীয়ার লেগে যাবে! এজন্য কখনোই নিজেদের উৎসুকতাকে থেমে যেতে দেবেন না! সর্বদা নতুন চিন্তাধারা, ভবিষ্যতের সফলতা আর সম্ভাবনার প্রতি প্রচেস্টাশীল হয়ে থাকুন... আপনারা এমনটা দেখতে পাবেন যে, আপনারা জীবনে অভূতপূর্ব সফলতা অর্জন করেছেন!

❑❑❑

61

খোলা মনে সকলের প্রশংসা করুন

জীবনে অভূতপূর্ব সফলতা হাসিল করা ব্যক্তিদের একটা গুণ এটাও থাকে যে, তাঁরা কোন ব্যক্তি কোন প্রশংসনীয় কাজ করলে সেটার প্রশংসা করতে ভোলেন না! তা সেই ব্যক্তি নিজের পরিবারের কেউ হোন্... অফিসের কোন সহকর্মী হোন্ অথবা কোন আত্মীয়! নিজের ভেতরে অন্যদের প্রশংসা করার গুণ বিকশিত করে তুলুন! যে কোন ক্ষেত্রে মিলিত হওয়া ব্যক্তিদের কাজের প্রশংসা খোলা মনে করুন! অন্যদের প্রশংসা করার মুখ্য লাভ এটা হবে যে, আপনাদের নিজেদের মন নির্মল হয়ে উঠবে আর এই নির্মলতার পরিণামস্বরূপ আপনাদের সেই এনার্জীর প্রাপ্তি হবে... যেটার দ্বারা আপনারা প্রতিটি কাজ ভালো ভাবে করতে পারবেন! এই জিনিষটার আরও একটা লাভ এটা হয় যে, আপনারা অন্যদের থেকে অপার স্নেহ আর ভালবাসাও প্রাপ্ত করেন!

❑❑❑

62

না থেমে কাজ শেষ করুন

আপনারা যখন কোন কাজ শুরু করবেন... তখন এটা স্থির করে নিন যে, আপনারা সেই কাজ শেষ করে তবে ছাড়বেন! *'স্টার্ট টু ফিনিশ'*-য়ের অভ্যাস গড়ে তুলুন! কেবলমাত্র কাজ শুরু করার চিন্তা-ভাবনা করার ওপরেই নিজেদের সমস্ত মনোযোগ কেন্দ্রীভূত করে তুলবেন না... বরং কাজ শুরু করে দিন! প্রতিটি কাজ সময়ানুসার শেষ করার লক্ষ্য স্থির করুন! কোন কাজ অপূর্ণ অবস্থায় ছেড়ে দেবেন না! আপনারা যত বেশী কাজ অপূর্ণ অবস্থায় ছেড়ে রাখবেন... আপনাদের তত বেশী চিন্তা আর অস্থিরতার অনুভব হবে! কোন সফল ব্যক্তির পক্ষে শ্রেষ্ঠ বিচার এটাই হয় যে, তিনি যে কোন কাজ শীঘ্র শুরু করবেন আর মাঝে না থেমে সেটাকে শুরু থেকে শেষ পর্যন্ত নিয়ে যাবেন!

❑❑❑

63

প্রতিটি ব্যক্তিকে সর্বদা প্রসন্নতা প্রদান করার ব্যাপারে চিন্তা করুন

আপনারা নিজেদের জীবন-যাত্রায় সমাজে বিভিন্ন ক্ষেত্রের লোকেদের সাথে মিলিত হন! তাঁদের মধ্যে কাউকে আপনাদের পছন্দ হয় আর কাউকে আপনাদের ঠিক পছন্দ হয় না! কিন্তু জীবনে অতুলনীয় সফলতার কামনা করতে থাকা ব্যক্তিদের লক্ষ্য সকলকে প্রসন্নতা প্রদান করা হওয়া উচিত... তা সেই ব্যক্তি আপনাদের প্রসন্নতা প্রদান করুন বা না করুন! এজন্য এই জিনিষটা মনের মধ্যে ঢুকিয়ে নিন যে, আপনারা সেই সকল ব্যক্তিদের প্রসন্নতা প্রদান করার চেষ্টা করবেন... যাঁরাই আপনাদের সংস্পর্শে আসবেন! বাস্তবে সফল ব্যক্তি প্রতিটি ক্ষেত্রের লোকেদের মধ্যে প্রসিদ্ধ হন... তা তাঁরা সেই ব্যক্তির আত্মীয় হোন্, বন্ধু হোন্, সহযোগী হোন্ অথবা ব্যবসায়িক সাথী! আপনাদের প্রসিদ্ধির সরল-সাধারণ কারণ এটাই হয় যে, আপনারা লোকেদের প্রসন্নতা বিলি করেন আর তার পরিণামস্বরূপ আপনাদের নিজেদের প্রসন্নতা দ্বিগুণ হয়ে ওঠে! কাউকে প্রসন্নতা প্রদান করতে আপনাদের কোন টাকা-পয়সা খরচ করতে হয় না আর এজন্য কোন টাকা-পয়সা খরচ না করে আপনারা অন্যদের এত কিছু প্রদান করতে পারেন! প্রসন্নতা জীবনের ছোট-ছোট জিনিষের মধ্যে লুকিয়ে থাকে! উদাহরণ হিসেবে যখন আমি নিজের প্রিয় ব্যক্তির দ্বারা আয়োজিত কোন অনুষ্ঠান, পার্টি বা বিবাহে শামিল হই... তখন তাঁদের অত্যন্ত প্রসন্নতা প্রাপ্ত হয়! সেই সব ব্যক্তিদের সঙ্গে আমার কোন সম্পর্ক না থাকা সত্ত্বেও আমি যখন এমন কোন অনুষ্ঠানে তাঁদের চোখে-মুখে প্রসন্নতা দেখি... তখন আমারও কম প্রসন্নতার প্রাপ্তি হয় না! আমি যখনই কারো নিমন্ত্রণে কোন সামাজিক অনুষ্ঠানে শামিল হই... তখন সেই ব্যক্তির চোখে-মুখে ফুটে ওঠা আনন্দ আর প্রসন্নতা দ্বারা আমিও অভিভূত হয়ে উঠি! এজন্য সকলকে আনন্দ আর প্রসন্নতা প্রদান করুন!

❑❑❑

64

অতুলনীয় সফলতা তিনিই প্রাপ্ত করেন... যাঁর দিন 28 ঘন্টার হয়

এটা পড়তে আর শুনতে আপনাদের হয়তো আশ্চর্য লাগতে পারে! আপনারা এমনটা বলতে পারেন যে, এই সংসারে প্রতিটি ব্যক্তি – তা তিনি ধনী হোন্ বা দরিদ্র... বুদ্ধিমান হোন্ বা বুদ্ধিহীন... উঁচু হোন্ বা নীচু – সবার দিন 24 ঘন্টারই হয়! যদি সত্যি-সত্যি এমনটা হত... তাহলে আমরা 28 ঘন্টার দিনের কথা কেন বলতাম? আজ্ঞে হ্যাঁ... বন্ধুরা! এটা সত্য যে, আপনারা নিজেদের দিনকে 28 ঘন্টার করে তুলতে পারেন আর এই জিনিষটা সেই সব ব্যক্তিদের ক্ষেত্রে বিশেষ রূপে প্রযোজ্য হয়... যাঁরা বিশেষ রূপে জীবনে অভূতপূর্ব সফলতা প্রাপ্ত করতে চান! তাঁদের তো নিজেদের প্রতিটি দিনকে 24 ঘন্টার পরিবর্তে 28 ঘন্টার করে তুলতেই হবে! এমনটা করার ফর্মূলা অত্যন্ত সরল হয়! 24 ঘন্টার দিনে আপনারা নিজেদের সময় ব্যর্থ নষ্ট করবেন না আর তার সাথে-সাথে প্রতিটি মুহূর্তের সদুপযোগ করবেন! আপনারা এটা দেখতে পাবেন যে, আপনাদের 24 ঘন্টার দিন 28 ঘন্টার হয়ে পড়েছে! এখানে আমার নিজের পিতা আর. এন. লখোটিয়ার কথা মনে পড়ে যাচেছ... যিনি ভারতের এক বিশিষ্ট ট্যাক্স-অথরিটি ছিলেন! আমার পিতার ছাত্র-জীবন অত্যন্ত সংঘর্ষপূর্ণ ছিল... কারণ ওনার ছাত্র-জীবনেই ওনার মাতা অর্থাৎ আমার ঠাকুমার মৃত্যু হয়ে পড়েছিল! এজন্য আমার পিতাকে জল ভরা থেকে শুরু করে বাড়ীর আরও অন্যান্য কাজ করতে হত! সেই সময় প্রত্যেক ব্যক্তিকে জলের জন্য দিনের অনেকটা সময় নষ্ট করতে হত... কারণ জল ভরার জন্য কলের সামনে লম্বা-লম্বা লাইন লেগে থাকত! আমার পিতা সেই লম্বা লাইনে দাঁড়ানোর সময়ও নিজের এতটুকু সময় বৃথা নষ্ট করতেন না আর পুস্তক পড়ে প্রতি দিন নতুন-নতুন শব্দ শিখতেন! বন্ধুরা! আপনাদের কি এমনটা মনে হয় না

যে, এটা প্রতিটি দিনকে 28 ঘন্টার করে তোলার এক সুন্দর উদাহরণ! আমি এখানে নিজের পাঠকদের সাথে সেই ঘটনাকেও ভাগ করে নিতে চাই... যে ঘটনা আজ থেকে প্রায় 25 বছর আগে কোলকাতায় ঘটেছিল! আমি আর আমার পিতা নিজেদের ইন্‌কাম ট্যাক্স ক্লায়েন্টদের জন্য ইন্‌কাম ট্যাক্স অফিসারদের অফিসের বাইরে নিজেদের পালা আসার জন্য অপেক্ষা করতাম... যখন কি অন্যান্য উকিল আর ট্যাক্স-পরামর্শদাতারা ফালতু কথা বলে, এদিক-ওদিকে বসে অথবা চা খেয়ে বৃথা সময় নষ্ট করতেন! আমার পিতা নিজের পালা আসার অপেক্ষা করতে-করতে হয় নিজের কোন পুস্তকের প্রুফ পড়তেন অথবা স্টেনো দ্বারা টাইপ করা পেজের ভুল সংশোধন করে নিতেন! আমার পিতার এই জীবন্ত উদাহরণ আমার জীবনে অত্যন্ত কাজে এসেছিল আর কি ভাবে 24 ঘন্টার দিনকে 28 ঘন্টায় পরিবর্তিত করতে হয় – আমি সেটা শিখে নিয়েছিলাম! বন্ধুরা! ফর্মূলা অত্যন্ত সাধারণ – সময়ের সঞ্চয় করুন আর ফালতু সময়ের সদুপযোগ করুন! এখনও যখন আমি সেমিনার করার জন্য ভারতের বিভিন্ন প্রান্তে সফর করি... তখনও আমি এটা সুনিশ্চিত করার চেষ্টা করি যে, এয়ারপোর্টে প্রবেশ করামাত্র আমি কি ভাবে নিজের 24 ঘন্টার দিনকে 28 ঘন্টার করে তুলতে পারি! সিকিউরিটি চেকিং হয়ে যাওয়ার পরে ফ্লাইটে চড়ার আগে পর্যন্ত আমি ওয়েটিং রুমে বসে হয় নিজের কোন লেখার প্রুফ পড়ি অথবা মনন করি! এজন্য বন্ধুরা! এবার তো আপনারা আমার সাথে একমত হবেন যে, 24 ঘন্টার দিনকে 28 ঘন্টার করে তোলা সম্ভব! এই জিনিষটার আরও একটা অতিরিক্ত লাভ হচেছ এটা যে, এই প্রচেস্টা দ্বারা আপনারা নিজেদের সহযোগীদের তুলনায় লাভজনক অবস্থায় থাকবেন... কারণ সাধারণ ব্যক্তি আর বিশেষ সফল ব্যক্তির মধ্যে কিছুটা ভিন্নতা তো থাকাই উচিত! নিজেদের 24 ঘন্টার দিনকে 28 ঘন্টার দিন করে তোলার চেষ্টা করুন! এই লক্ষ্যের প্রাপ্তি হলে তবেই আপনার নিজেদের জীবনে অতুলনীয় সফলতা প্রাপ্ত করতে পারবেন!

❑❑❑

65

ভয়মুক্ত থাকুন

পতঞ্জলি যোগসূত্র অনুসারে প্রতিটি ব্যক্তিরই ভয়মুক্ত হয়ে থাকা উচিত! জীবনের প্রতিটি ক্ষেত্রে ভয়কে বাইরে ছুঁড়ে ফেলে দেওয়ার এটাই হচ্ছে সঠিক সময়! দয়া করে এটা মনে রাখবেন যে, ভয় পাওয়ার কোন আবশ্যকতা নেই... বরং কোন একটা সঠিক প্ল্যানের আবশ্যকতা রয়েছে! ভয় আপনাদের ভেতরের রচনাত্মক ক্রিয়াগুলোকে চাপা দিয়ে দেয়... আপনাদের কাজে বাধার সৃষ্টি করে আর আপনাদের ব্যাক গীয়ারে নিয়ে যায়! এর ঠিক বিপরীত কোন ভয়মুক্ত ব্যক্তি নিজের কাজগুলোকে সঠিক আর রচনাত্মক পদ্ধতিতে করেন এবং নিজের সর্বোত্তম দক্ষতাকে বাইরে বার করে আনেন!

❑❑❑

66

নিজের অন্তরাত্মার আওয়াজ শুনুন

আজ্ঞে হ্যাঁ, বন্ধুরা! কোন শান্ত আর নির্মল স্হানে বসে পড়ুন আর নিজের অন্তরাত্মার আওয়াজ শোনার চেস্টা করুন! এটা মনে রাখবেন, আপনারা যদি নিজেদের অন্তরাত্মার আওয়াজ শুনতে সক্ষম হয়ে ওঠেন... তাহলে আপনারা নিজেদের জীবনে সেই সব জটিল সমস্যার সমাধান খুঁজে পেতেও সক্ষম হয়ে উঠবেন! এই সংসারে কি ভাবে এক ভালো জীবন কাটানো যেতে পারে... আপনারা এই প্রশ্নের উত্তরও পেয়ে যাবেন! এজন্য নিজের অন্তরাত্মার আওয়াজ শোনার জন্য সময় বার করুন! কেবলমাত্র অন্তরাত্মার আওয়াজ শোনার জন্য সময় বার করলেই হবে না... আপনাদের অন্তরাত্মা যা কিছু বলবে, আপনাদের সেটার ওপরে বিশ্বাসও করতে হবে!

❑❑❑

67

সর্বত্র এবং অসীমিত প্রসন্নতা

অসীমিত প্রসন্নতা আপনাদের জীবনের এক অভিন্ন অঙ্গ হয়ে ওঠা উচিত ! কোন অতুলনীয় সফল ব্যক্তি প্রতিটি পরিস্থিতিতেই প্রসন্ন আর আনন্দচিত্ত হয়ে থাকেন ! এজন্য প্রসন্ন হয়ে থাকুন আর জীবনে বিশেষ সফলতা প্রাপ্ত করুন !

❑❑❑

68

নিজের ব্যর্থতার দোষ অন্যদের ওপরে চাপাবেন না

সাধারণতঃ এমনটা দেখতে পাওয়া যায় যে, কোন সাধারণ ব্যক্তি নিজের কোন প্ল্যান-প্রোগ্রাম বা কাজ অথবা জীবনে আসা কোন ব্যর্থতার দোষ অন্যদের ওপরে চাপিয়ে দেন! এই জিনিষটা প্রায় ক্ষেত্রেই লোকেদের অভ্যাসের মধ্যে শামিল হয়ে থাকে! কিন্তু জীবনে অতুলনীয় সফলতা প্রাপ্ত করা ব্যক্তি এমনটা চিন্তা করেন না! তিনি সমস্যা আর ব্যর্থতার দায় অন্য কারো ওপরে চাপিয়ে দেন না আর না-ই জীবনের ব্যর্থতার ব্যাপারে ভাবনা-চিন্তা করেন – বরং তিনি সেই সব সমস্যার সমাধান খুঁজে বার করার ব্যাপারে ভাবনা-চিন্তা করেন! এমন ব্যক্তির লক্ষ্য কখনোই নিজের সহযোগী, বন্ধু-বান্ধব অথবা ব্যবসায়িক সাথীদের ওপরে ব্যর্থতার দায় চাপিয়ে দেওয়া হয় না! এজন্য সকলের প্রশংসা করা আর কারো ওপরে দোষারোপণ না করার অভ্যাস তৈরী করুন!

❑❑❑

69

আজ নয়... এই মুহূর্তে বেঁচে থাকুন

পরম পিতা দ্বারা প্রদান করা এই সুন্দর জীবনের প্রতিটি মুহূর্ত আনন্দ উপভোগ করার জন্য হয়! বর্তমানে বেঁচে থাকুন! এমনটা চিন্তা করবেন না যে, পরের মুহূর্তটা কেমন হবে? এই মুহূর্তটার ভরপুর আনন্দ ওঠান! আপনাদের মনে না অতীত কাল, না ভবিষ্যত কাল... এমন কি আজকের ভাবনাও আসা উচিত নয়! নিজেদের মনে কেবল এই মুহূর্তটার ব্যাপারে চিন্তা করুন! আপনারা যদি সেই সময়ের ব্যাপারে ভাবনা-চিন্তা করেন... যে সময় কাটছে আর আপনারা যদি এমনটা চিন্তা করেন যে, একবার চলে যাওয়া সময় আর কখনো ফিরে আসে না... একমাত্র তাহলেই আপনারা সফল ব্যক্তি হয়ে উঠতে পারবেন!

❑❑❑

70

ইতিবাচক প্রতিশ্রুতিবদ্ধতা

ব্যবসায়িক প্রতিশ্রুতিবদ্ধতা হোক্ বা চাকুরী সম্বন্ধীয় প্রতিশ্রুতিবদ্ধতা অথবা নিজের বন্ধু-বান্ধব বা পরিবারের সদস্যদের প্রতি প্রতিশ্রুতিবদ্ধতা – সেগুলো সর্বদা ইতিবাচক হওয়া উচিত! ইতিবাচক ব্যক্তি অন্যদের মধ্যেও ইতিবাচকতা ভরে দিতে সক্ষম হন... এজন্য তিনি জীবনে এক বিশেষ সফল ব্যক্তি হিসেবে পরিচিত হয়ে ওঠেন!

❑❑❑

71

সকলকে প্রেরণা, তথ্য প্রদান করা আর সকলকে শামিল করার মন্ত্র গ্রহণ করুন

কোন উৎকৃস্ট সফল ব্যক্তির মধ্যে নিজের সহযোগী আর নিজের ব্যবসায়িক সাথীদের প্রেরণা প্রদান করার এক অন্তর্নিহিত গুণ থাকে! তাঁর মধ্যে নিজের সাথীদের নতুন প্রযুক্তির ব্যাপারে তথ্য প্রদান করার অতিরিক্ত গুণও থাকে! এমন ব্যক্তির মধ্যে নিজের আশপাশের ব্যক্তিদের দিয়ে কি ভাবে সঠিক পদ্ধতিতে কাজ করানো যেতে পারে, সেই গুণটাও থাকে! এমন ব্যক্তির মধ্যে সব থেকে বড় গুণ যেটা থাকে... সেটা হচ্ছে এই যে, এমন ব্যক্তি নিজের সাথে কাজ করা ব্যক্তি আর নিজের সাথে সম্বন্ধিত ব্যক্তিদের দিয়ে সর্বোত্তম কাজ করিয়ে ভালো পরিণাম বার করে আনতে পারেন!

❑❑❑

72

যা কিছু হতে পারেনি, সেগুলোর ব্যাপারে বৃথা চিন্তা করবেন না

আমি নিজের জীবনে এমন অনেক ব্যক্তি দেখেছি... যাঁরা অনিশ্চিত ভবিষ্যতের জন্য নিজেদের ব্যবসা আর চাকুরী – দুটোই বর্বাদ করে ফেলেছেন! এটা সত্য যে, ভবিষ্যত অনিশ্চিত হয়... কিন্তু তার জন্য অনিশ্চয়তার চিন্তা কেন করব? একটা জিনিষ আপনাদের হাতে রয়েছে যে, আপনারা জীবনের সেই অনিশ্চয়তার ব্যাপারে চিন্তা করবেন না... যেগুলো এখনও ঘটেনি! আমি এমন অনেক লোকেদের দেখেছি... যাঁরা সেন্‌সেক্স নীচের দিকে নেমে আসতেই নিজেরাও চিন্তায় ভরে ওঠেন! কিছু লোক এমনও আছেন... যাঁরা আন্তর্জাতিক এক্সপোর্ট কমে আসতেই এই ভেবে চিন্তামগ্ন হয়ে পড়েন যে, এবার তাঁদের এক্সপোর্ট টার্নআউটও নীচের দিকে নেমে আসবে! আমি এমন অনেক লোকেদের জানি... যাঁরা এই ব্যাপারে চিন্তিত হয়ে থাকেন যে, তাঁদের সি.ই.ও. সংগঠন ছেড়ে দেবেন! এমন হাজার-হাজার জিনিষ রয়েছে... যেগুলো এখনও পর্যন্ত ঘটেনি... কিন্তু আপনারা এখন থেকেই সেগুলোর ব্যাপারে চিন্তা করা শুরু করে দেন! এমন কিছু করার বা ভাবার কোন ঔচিত্য নেই! একমাত্র কোন অতুলনীয় সফল ব্যক্তি অনিশ্চয়তার ব্যাপারে ভাবনা-চিন্তা না করার সাহস জোটাতে পারেন!

❑❑❑

73

মনে কখনোই নিরাশাবাদী বিচারধারাকে স্হান করে দেবেন না

আমি এমন অনেক লোকেদের জানি... যাঁরা সময় খারাপ যাওয়ার অজুহাত দেখাতে থাকেন! এটা বড়ই আশ্চর্যের বিষয়! আমারও অতীতে কিছুটা সময় ভালো চলছিল না! এটা মাথায় রাখবেন যে, সবার সাথেই এমনটা হয়! সর্বদা ভালো আর খারাপ সময় কারোর সাথেই থাকে না! এমনটা চিন্তা করা বড়ই সরল – *"সমস্যা তো আমার পেছু ছাড়ছেই না!"* এই নিরাশাবাদীতার রং আপনাদের মন-মস্তিস্কে, জীবনে অন্য সকল রং-কে চাপা দিয়ে দেয়! এই জিনিষটার একটা অত্যন্ত দুঃখের দিক এটাও হয় যে, এর ফলে আপনাদের চিন্তাধারা বিকৃত আর যুক্তি বিরুদ্ধ হয়ে ওঠে এবং আপনারা এই নিরাশাবাদীতার আনন্দ উপভোগ করতে লাগেন... কারণ আপনারা পরিস্হিতি উন্নত না হওয়ার এক অজুহাত পেয়ে যান! এই কথাটাই নর্মান ভিনসন পিয়লে বলতেন! পিয়লে এমনটা বলতেন যে, মানসিক অবস্হাকে পরিবর্তন করার একমাত্র উপায় হচেছ এই যে, নিরাশাবাদী ব্যক্তিকে দিনে 3 বার *'আশা'* রূপী ঔষধি দেওয়া হোক্! নিজেকে এমনটা কখনো বলবেন না – *"আমি শেষ হয়ে পড়েছি!"* বা *"আমি এই সব কিছুর মোকাবিলা করতে পারব না!"* বা *"আমি এত সব কিছু কি করে সামলাব!"* সর্বদা পিয়লের প্রেরণাদায়ক শব্দগুলো মাথায় রাখুন আর কখনোই নিজেকে নিরাশার গর্তে ঠেলে দেবেন না! পিয়োলের শব্দগুলো সকল পাঠকদের প্রেরণা জোগাবে আর তাঁরা জীবনে কখনো নিরাশাবাদী হয়ে থাকবেন না!

❑❑❑

74

সম্পূর্ণ আশাবাদী হোন্

আমি নর্মান ভিনসন পিয়লে আর ওনার লেখন দ্বারা অত্যন্ত প্রভাবিত আর আমি ওনার লেখা থেকে অত্যন্ত বেশী প্রেরণা প্রাপ্ত করি! উনি প্রায়ই নিজের লেখায় সেই আশার কথা বলেন, যেটা আপনাদের কুণ্ঠা, নিরুৎসাহ আর নিরাশার সময় সেগুলোর সাথে লড়াই করার ক্ষমতা প্রদান করে! পিয়লে এমনটা অনুভব করেন যে, *'আশা'* নামক শব্দটাই আপনাদের অত্যধিক শক্তি, এনার্জী, সমার্থ্য আর ক্ষমতা প্রদান করে! এনার্জী ব্যর্থতাকে সফলতায় আর অসুস্হতাকে সুস্হতায় পরিবর্তিত করে! এই প্রকার আশায় এমন শক্তি থাকে যে, সেটা দুর্বলকে শক্তিশালী করে তোলে! এটা সর্বদা মাথায় রাখবেন যে, কেবলমাত্র *'আশা'*-র মধ্যেই এই প্রকারের এনার্জী আর ক্ষমতা থাকে! মার্টিন লুথার কিং প্রায়ই এমনটা বলতেন যে, সংসারে যা কিছু ঘটে অথবা যা কিছু করা হয়... সেগুলো সব আশা থেকেই হয়! এজন্য সকালের প্রাতঃরাশ থেকে শুরু করে রাতের খাবার খাওয়া পর্যন্ত আশাবাদী হয়ে থাকুন! দৈনিক দিনচর্যায় আশাকে সেই স্হান প্রদান করুন... যে স্হানটা আমরা নিজেদের ভোজনে স্যালাডকে দিয়ে থাকি! একমাত্র তাহলেই আপনারা জীবনে অতুলনীয় সফল ব্যক্তি হয়ে উঠতে পারবেন!

❑❑❑

75

এটাই হচ্ছে অজানা ভয় থেকে মুক্তি পাওয়ার সময়

অজানা ভয় আপনাদের সমস্ত প্রাণশক্তি আর রচনাত্মক কাজকে খেয়ে ফেলতে সফল হয়! এজন্য কখনোই অজানা ভয়কে নিজেদের মস্তিষ্কে স্হান করে নিতে দেবেন না! এমনটা করেই আপনারা জীবনে এক উৎকৃষ্ট ব্যক্তি হয়ে উঠতে পারবেন!

❑❑❑

76

বিশিষ্ট সফল ব্যক্তিরা সপ্তাহকে 14 দিনের করে তোলেন

এটা আমরা সকলেই জানি যে, এক সপ্তাহে 7 দিন থাকে... কিন্তু আমি এখানে সাধারণ ব্যক্তিদের কথা বলছি না... যাঁরা এমনটা ভাবেন! আমি কথা বলছি অতুলনীয় সফল ব্যক্তিদের ব্যাপারে... যাঁদের সপ্তাহ 7 নয়, 14 দিনের হয়! আমি নিজে সপ্তাহকে 14 দিনের করে তোলার চেষ্টা করেছি আর সেই কাজে আমি অনেকটা সফলতাও প্রাপ্ত করেছি! আমার সকল পাঠকেরাও নিজেদের সপ্তাহকে 14 দিনের করে তুলতে পারেন! ঠিক আছে... আপনারা যদি এমনটা করতে ইচ্ছুক হন, তাহলে আপনাদের এক অত্যন্ত সাধারণ ফর্মূলা গ্রহণ করতে হবে! একটা কাগজে সোমবার থেকে রবিবার পর্যন্ত সপ্তাহের 7 দিনের নাম লিখুন! প্রত্যেক দিনকে সকালের দিন আর রাতের দিন – দু ভাগে ভাগ করে দিন! দিনের প্রথম ভাগ প্রাতঃ 6-টা থেকে দুপুর 2-টো পর্যন্ত আর দিনের দ্বিতীয় ভাগ দুপুর 2-টো থেকে রাত 10-টা পর্যন্ত রাখুন! একবার যখন আপনারা নিজেদের দিনগুলোকে সকাল আর রাতের রূপে দু ভাগে ভাগ করে নেবেন... তখন আপনাদের কাছে একটা দিন দু দিন হয়ে উঠবে অর্থাৎ সকালের দিন আর রাতের দিন! আপনারা এটা দেখতে পাবেন যে, এবার আপনাদের কাছে দিনের সংখ্যা এক সপ্তাহে 7 দিন না হয়ে 14 দিন হয়ে উঠেছে! এই 14 দিনের চার্টে সেই সব ক্রিয়া আর কাজ লিখে রাখুন... যেগুলো আপনারা এই সপ্তাহে করতে চলেছেন! আপনারা নিজেদের 14 দিনের বাস্তবিক কাজগুলোকে সকালের আর রাতের দিনে ভাগ করে 7 দিনে সেরে ফেলেছেন! একবার আপনারা

এই চার্টের টাইম টেবল অনুসারে চলতে শুরু করলে আর প্রতি দিনের হিসেবে সেটাকে গ্রহণ করতে লাগলে আপনারা এটা দেখতে পাবেন যে, আপনাদের সপ্তাহ 14 দিনের হয়ে পড়েছে! আপনাদের রচনাত্মক কাজ করার ক্ষমতা বিকশিত হয়ে পড়েছে... বিশেষ করে সেই সব কাজ করার ক্ষমতা বিকশিত হয়ে উঠেছে... যেগুলোর ব্যাপারে আপনারা আগে ভাবতেন যে, আপনাদের দ্বারা সেই সব কাজ হবে না! সপ্তাহের 14 দিন এক জাদুর মত কাজ করেছে আর সেই সব কাজ সম্ভবপর হয়ে উঠেছে... যেগুলো করা আগে অসম্ভব বলে মনে হত!

❑❑❑

77

কোন কিছু করার আগে দু বার চিন্তা-ভাবনা করুন

স্কুলে আমাদের এক প্রবাদবাক্য পড়ানো হত – *"লুক বীফোর ইউ লীপ!"* অর্থাৎ কোন কিছু করার আগে একবার ভালো করে ভাবনা-চিন্তা করে নিন! কিন্তু বর্তমানে যেসব ব্যক্তি জীবনে অতুলনীয় সফলতা প্রাপ্ত করতে চান... তাঁদের জন্য আজকের প্রবাদবাক্য হচেছ – *"লুক টোয়াইস বীফোর ইউ লীপ!"* অর্থাৎ কোন কিছু করার আগে দু বার ভালো করে ভাবনা-চিন্তা করে নিন! আজ্ঞে হ্যাঁ... এটা অত্যন্ত সত্য যে, আপনারা যখনই কিছু করতে যাবেন... তখনই সেই কাজটার ব্যাপারে দ্বিগুণ সুনিশ্চিত হয়ে নিন যে, আপনারা যে কাজটা করতে চলেছেন... সেটা ঠিক! এটা এক অত্যন্ত সাধারণ উক্তি... কিন্তু নিশ্চিত রূপে অত্যন্ত গুরুত্বপূর্ণ! এই উক্তির সত্যতার জন্য আমি সেই বাস্তবিক ঘটনাকে নিজের পাঠকদের সাথে ভাগ করে নিতে চাইব... যেটা আজ থেকে কিছুদিন আগে আমার সাথে ঘটেছিল! একদিন আমি নিজের এক বন্ধুর সাথে নয়ডা থেকে দিল্লী যাচিছলাম! আমার সেই বন্ধুর ছেলে, যে সদ্য-সদ্য এম.বি.এ. করেছিল... সে-ও আমাদের সাথে গাড়ীতে ছিল! আমরা প্রপার্টি বিজনেসের সাথে সম্বন্ধিত সাধারণ আলোচনা করছিলাম! আমার বন্ধু প্রপার্টি বিজনেসে ছিল আর ও নয়ডা, গুড়গাঁও আর দিল্লীতে কোটি-কোটি টাকার নিবেশ বিভিন্ন বিল্ডার্সদের সাথে করেছিল! আমি নিজের বন্ধু আর তার ছেলের মাঝখানে বসে ওদের কথাবার্তা শুনছিলাম! ওরা দুজনে নিজেদের পার্টনারশিপ ফার্মের ব্যাপারে কথা বলছিল আর সেই ফার্ম এক বিল্ডারের সাথে নিবেশ করেছিল! আমার বন্ধুর বক্তব্য ছিল এই যে, সেই বিশেষ বিল্ডারের সাথে ওনাদের গ্রুপের মাত্র চারটে ফার্ম নয়ডায় প্রপার্টি বিজনেসে নিবেশ করেছে! কিন্তু ওর ছেলে বাবার কথা মানতে রাজী হচিছল না! ওর বক্তব্য ছিল এই যে, ওদের গ্রুপের পাঁচটি ফার্ম নিবেশ করেছে! আমার বন্ধু এই ব্যাপারে নিশ্চিত ছিলেন যে, তাঁদের মাত্র চারটে ফার্মই নিবেশ করেছে! তাঁর এমন নিশ্চিন্ততার মুখ্য কারণ ছিল সেদিন

তাঁর নিজের দ্বারা প্রস্তুত নিবেশ-তালিকা! আমার বন্ধুর ছেলে বলল – *"বাবা! আপনি বলছেন 4 আর আমি বলছি 5! ঠিক আছে... বাজী লাগানো যাক!"* বিশ্বাসে পরিপূর্ণ আমার সেই বন্ধু তৎক্ষনাত বাজী লাগাতে রাজী হয়ে পড়লেন আর পিতা-পুত্রের মধ্যে 1000 টাকার বাজী লাগানো হল! বাজী এটা ছিল যে, যদি বাবার কথা ঠিক হয়, তাহলে ছেলে 1000 টাকা দেবে! আমি এখানে নিজের পাঠকদের সাথে আরও একটা জিনিষ ভাগ করে নিতে চাই যে, আমি সেই দুই পিতা-পুত্রের কথা বলার ভঙ্গীমা দেখে অবাক হয়ে উঠেছিলাম... কারণ আমি এমনটায় অভ্যস্ত ছিলাম না! ওনাদের দুজনের বার্তালাপ ঠিক দুজন বন্ধুর মত ছিল... কিন্তু আমি এখন এমনটা অনুভব করি যে, হয়তো বর্তমান যুগের সত্যই হচেছ এটা... জীবন কাটানোর সঠিক পদ্ধতিই হচেছ এটা! আজকালকার বাচ্চারা নিজেদের মাতা-পিতার সাথে আন্-অফিশিয়াল ভঙ্গীমায় কথা বলে... বিশেষ করে সেই সময়, যখন বাচ্চারা বিদেশ থেকে উচ্চ শিক্ষা প্রাপ্ত করে আসে! সেই যুগ চলে গেছে... যখন ছেলে নিজের বাবার সাথে কথা বলতে কঠিনতা অনুভব করত! তবুও এটা দেখানোর জন্য যে, ছেলে এই বাজীর প্রতি গম্ভীর – সে 500 টাকার দুটো নোট বার করে নিজের বাবার হাতে রেখে দিল! বাবার মুখে-চোখে নিজের জয়ের আশ্বস্ততা চমকাচিছল! বাবার মুখে সন্তুষ্টি স্পষ্ট দেখতে পাওয়া যাচিছল... কারণ বাবা এই ব্যাপারে নিশ্চিন্ত ছিলেন যে, উনি নিজের বিলেত ফেরত ছেলের থেকে এই বাজী নিশ্চিত রূপে জিতে নেবেন! আমি এখানে আবার একবার এটা জানাতে চাই যে, পিতার বিশ্বাসের মূল কারণ ছিল সেই চার্ট... যেটা উনি মনোযোগ সহকারে সেদিনই তৈরী করেছিলেন! সেই চার্টে এটা স্পষ্ট ছিল যে, ওনাদের গ্রুপের কেবল চারটে ফার্মই সেই বিল্ডারের সাথে নিবেশ করেছে আর এই জিনিষটা ওনার কাছে জলের মত পরিস্কার ছিল! কথা বলতে-বলতে আমার বন্ধুর বাড়ী কাছে এগিয়ে এলে ছেলে বাবাকে বলল – *"বাজীতে যদি আমি হেরে যাই, তাহলে আমি আপনাকে 1000 টাকা দেব... যেটা আমি আপনাকে আগেই দিয়ে দিয়েছি! কিন্তু যেহেতু আপনি নিজের জয় সম্বন্ধে অত্যন্ত নিশ্চিত... তাই বাজীতে আপনি হেরে গেলে আপনি আমাকে 3000 টাকা দেবেন!"* পিতা তৎক্ষনাত পুত্রের শর্ত মেনে নিলেন... কারণ উনি নিজের জয় সম্বন্ধে নিশ্চিত ছিলেন! ওনার বাড়ী আসার পরে আমি তো ওনার বাড়ীর ড্রইং রুমে বসে পড়লাম... কিন্তু আমার বন্ধু ফাইল ইত্যাদি নিয়ে আসার জন্য তখুনি নিজের চেম্বারে চলে গেলেন! এক দিকে যেমন আমার বন্ধু আত্মবিশ্বাসে পরিপূর্ণ হয়ে ছিলেন... অন্য দিকে ওনার ছেলেও উৎসাহে পরিপূর্ণ হয়ে ছিল! ওর দৃঢ় বিশ্বাস ছিল যে, ও নিজের বাবার থেকে 3000 টাকা অবশ্যই জিতে নেবে! শীঘ্রই আমার বন্ধু ফাইলপত্র নিয়ে ফিরে এলেন! পিতা-পুত্র – দুজনে কাগজপত্র পরীক্ষা করতে লাগলেন! কাগজে এটা পরিস্কার লেখা ছিল যে, ওনাদের গ্রুপের কেবল চারটে ফার্মই সেই বিল্ডারের

সাথে নিবেশ করেছে! আমার বন্ধুর চোখে-মুখে জয়ের খুশী দেখতে পাওয়া যাচ্ছিল! ওনার মুখ-চোখ দেখে এমনটা মনে হচ্ছিল... উনি যেন নিজের বিদেশ ফেরত ছেলের সাথে হওয়া যুদ্ধ জয় করে নিয়েছেন! ছেলেও অত্যন্ত শিক্ষিত ছিল আর সম্প্রতি বিদেশ থেকে এম.বি.এ. করে ভারত ফিরে এসেছিল! ও-ও হার স্বীকার না করে বলল – *"ঠিক ড্যাডী! আপনার সূচী অনুসারে এটা ঠিক যে, আমাদের গ্রুপের কেবল চারটে ফার্মই নিবেশ করেছে... কিন্তু আসুন, আমরা নিজেদের সেই সব ফার্ম চেক্ করে নিই... যেগুলো এই বিল্ডারের সাথে নিবেশ করেছে! কারণ এমনটাও হতে পারে যে, আপনি হয়তো কোন ফার্মের নাম লিখতে ভুলে গেছেন!"* আমার বন্ধু বললেন – *"এমনটা হতেই পারে না... কারণ এই লিস্ট আমি আজই তৈরী করেছি!"* তবুও পিতা-পুত্র একবার সব কিছু চেক্ করার জন্য প্রস্তুত হয়ে পড়লেন! এবার সেটা দেখার সময় এসে গিয়েছিল যে, সত্যিকারের জয়ী কে? আমার বন্ধু আর ওনার ছেলে সব ফাইল, কাগজ-পত্র আর সমস্ত ডক্যুমেন্টস্ আবার একবার পরীক্ষা করে দেখলেন আর নিজেদের সেই সব ফার্মের নামের সূচী আবার একবার তৈরী করলেন... যে ফার্মগুলো সেই বিল্ডারের সাথে নিবেশ করেছিল! ওনারা নিজেদের সূচী তৈরী করে নেওয়ার পরে আমার বন্ধু এই দেখে এক জোরদার ঝট্কা খেলেন যে, ওনাদের গ্রুপের চারটে নয়... পাঁচটা ফার্ম সেই বিল্ডারের সাথে নিবেশ করেছিল! উনি নিজের ছেলের কাছে বাজী হেরে গিয়েছিলেন! ধীরে-ধীরে উনি 1000 টাকার তিনটে নোট নিজের ছেলের হাতে তুলে দিলেন! বাস্তবিক জীবনের এই ঘটনা দ্বারা আমার পাঠকগন এই ব্যাপারে আশ্বস্ত হয়ে উঠবেন যে, যে কোন কাজ করার আগে দু বার ভালো করে ভাবনা-চিন্তা করে নেওয়া উচিত! নিজেদের পেপার আর ডক্যুমেন্টস্ সাবধানতাপূর্বক তৈরী করুন আর সেগুলোর ভিত্তিতে কোন নির্ণয় গ্রহণ করার আগে দু বার ভালো করে পরীক্ষা করে নিন যে, সেটা সম্পূর্ণ রূপে সঠিক... যাতে পরে আপনাদের অনুতাপ না করতে হয়!

যেসব ব্যক্তি জীবনে অতুলনীয় সফলতা হাসিল করতে চান... তাঁরা এই জিনিষটা নিজেদের মনের মধ্যে ঢুকিয়ে নিন যে, যে কোন ডক্যুমেন্টস্ আর পেপারের ওপরে আধারিত কোন নির্ণয় নেওয়ার আগে সব তথ্যগুলোকে দু বার ভালো করে পরীক্ষা করে নিন... যাতে পরে কোন প্রকারের আর্থিক ক্ষতি না হয় আর আপনাদের লজ্জিত হয়ে না পড়তে হয়! এটা হচ্ছে সফল ব্যক্তিদের জন্য এক অত্যন্ত গুরুত্বপূর্ণ মন্ত্র!

❑❑❑

78

আপনি কি আজ ঈশ্বরকে ধন্যবাদ জানিয়েছেন ?

আপনি কেবল সফলই নন... আপনি অতুলনীয় সফল আর আপনি নিজের কৃতিত্বের প্রতি গর্বিত! বিশেষ সফল ব্যক্তি হওয়াটা অত্যন্ত ভালো কথা... কিন্তু এই সফলতার পেছনে যার অবদান সব থেকে বেশী... তাঁকে ধন্যবাদ জানাতে ভুলে যাবেন না! আজ্ঞে হ্যাঁ... বন্ধুরা! নিজের কৃতিত্বের জন্য কখনোই পরম পিতা পরমাত্মাকে ধন্যবাদ জানাতে ভুলে যাবেন না! সর্বদা এটা মনে রাখবেন যে, তাঁরই কৃপায় আজ আপনাদের মাথার ওপরে সফলতার পুষ্পবৃষ্টি হচ্ছে! প্রতি দিন একটা জিনিষের ওপরে অবশ্যই চিন্তা করুন... সেটা হচ্ছে এই – *"আমি কি আজ ঈশ্বরকে ধন্যবাদ জানিয়েছি ?"* আমি যখন নিজের কলোনীতে প্রাতঃভ্রমণে যাই... তখন আমি একটা বাড়ীর বাইরে একটা বোর্ড দেখতে পাই, যার ওপরে লেখা রয়েছে – *"আপনি কি আজ ঈশ্বরকে ধন্যবাদ জানিয়েছেন ?"* আমি যখন এই বোর্ডটা প্রথম বার দেখেছিলাম... তখন আমি এটা দ্বারা এত বেশী প্রভাবিত হই যে, আমি সেখানেই দাঁড়িয়ে-দাঁড়িয়ে বোর্ডটা দশ বার পড়ি আর এখন এই লাইনটা আমার হৃদয়ের অন্তঃস্থলে প্রবেশ করে গেছে! এজন্য আমি প্রতি দিন রাতে ঘুমোতে যাওয়ার আগে এই প্রশ্নের উত্তর অবশ্যই দিই – *"আমি কি আজ ঈশ্বরকে ধন্যবাদ জানিয়েছি ?"* আপনারাও পরম পিতা ঈশ্বরকে ধন্যবাদ জানানোর অভ্যাস নিজেদের ভেতরে গড়ে তুলুন! ঈশ্বরের প্রতি এমন বিচার কেবল আপনাদের শক্তিই প্রদান করবে না... আপনাদের অতুলনীয় সফলতার পথেও এগিয়ে নিয়ে চলবে!

❑❑❑

79

কঠিনতার সময় WAP ফর্মূলার প্রয়োগ করুন

প্রতিটি সফল ব্যক্তির জীবনে এমন মুহূর্তও আসে... যখন তিনি নিজেকে কঠিনতার মধ্যে ঘিরে থাকা অবস্হায় দেখতে পান! এমনটা অত্যন্ত স্বাভাবিক হয়... কিন্তু কথা হচ্ছে এটা যে, আপনারা যখন নিজেদের জীবনের প্রতিটি ক্ষেত্রে অভূতপূর্ব সংকটে ঘিরে যান... তখন প্রশ্ন এটা ওঠে যে, সেই সময় কি করা উচিত বা কোন্ রাস্তা গ্রহণ করা উচিত? কঠিনতা এবং সংকটকে নিয়ন্ত্রিত করাটা কোন বাস্তবিক সফল ব্যক্তির মুখ্য বিশেষত্ব হয়! আমার দৃঢ় বিশ্বাস যে, *'WAP ফর্মূলা'* যে কোন সংকটের মোকাবিলা করতে সক্ষম হয়! এজন্য জীবনের যে কোন ক্ষেত্রে – তা সেটা ব্যবসা হোক্ বা শিল্প জগত – আপনারা কোন সংকটে পড়ামাত্র তৎক্ষনাত WAP ফর্মূলা গ্রহণ করুন! WAP ফর্মূলা আমি প্রস্তুত করেছি আর গোটা দুনিয়ার লাখো ব্যক্তি সংকটের সময় এই ফর্মূলা গ্রহণ করে লাভবান হয়েছেন! এই ফর্মূলা সংকটের মুহূর্তের মোকাবিলা করার ক্ষেত্রে অত্যন্ত সফল প্রমাণিত হয়েছে! এবার প্রশ্ন এটা ওঠে যে, এই ফর্মূলা আসলে ঠিক কি? WAP-র অর্থ হচ্ছে *"ওয়ার্ক-এ্যাকশন-প্ল্যান"* অর্থাৎ কাজ করার জন্য প্ল্যান তৈরী করা! এই ফর্মূলা সেই সময় প্রযোজ্য হয়... যখন আপনারা কোন সংকটে পড়ে যান আর আপনারা এটা দেখতে পান যে, আপনাদের চার পাশে কঠিনতা আর সংকট রয়েছে! এমন সময় আপনারা এই ফর্মূলা গ্রহণ করুন আর আপনারা এটা দেখতে পাবেন যে, সকল প্রকারের সংকট আর কঠিনতা কেমন ভাবে পালিয়ে যাচ্ছে! এই ফর্মূলার সহায়তায় আপনারা নিজেদের এজেণ্ডা থেকে সংকট অথবা কঠিনতাকে বার করে দিতে পারবেন! আমার দিল্লীর এক বিল্ডারের কথা মনে পড়ে যাচ্ছে... যিনি বেশ কয়েক প্রকারের আর্থিক সমস্যার মধ্যে ফেঁসে গিয়েছিলেন! উনি নিজের

ব্যবসার সকল ক্ষেত্রেই কঠিনতায় ফেঁসে গিয়েছিলেন ! উনি না পারছিলেন নিজের ব্যাংকের পেমেন্ট ঠিক ভাবে করতে আর না-ই নিজের সাপ্লায়ার্সদের পেমেন্ট করতে পারছিলেন ! সত্যি কথা তো এটা ছিল যে, উনি অত্যন্ত গুরুতর সমস্যায় ঘিরে গিয়েছিলেন... কারণ উনি লোকেদের পেমেন্ট করার নিজের প্রতিশ্রুতি রক্ষা করতে পারছিলেন না ! সেই সময় উনি নিজের ব্যবসা সংক্রান্ত একটা সমস্যা নয়... প্রচুর সমস্যায় ঘিরে গিয়েছিলেন ! আমার সাথে যখন ওনার পরিচয় হয়... সেই সময় উনি অত্যন্ত অস্হির হয়ে উঠেছিলেন ! আমি তৎক্ষনাত ওনাকে WAP ফর্মূলা গ্রহণ করার পরামর্শ দিই ! আমি সেই বিল্ডারের সাথে 90 মিনিটের এক সেশন করি আর ওনাকে মানসিক রূপে মজবুত করে তোলার চেস্টা করি, যাতে উনি নিজের ব্যবসার ক্ষেত্রে আসা কঠিনতার মোকাবিলা করতে পারেন ! উনি আমার পরামর্শ মেনে নেন আর WAP ফর্মূলা গ্রহণ করেন ! উনি সঠিক পথে কাজ করতে শুরু করে দেন ! আমি সেই বিল্ডারকে প্রথমে নিজের সমস্যাগুলো একটা কাগজে লিখে রাখতে বলি... তারপর আমরা নিয়মিত রূপে এই ফর্মূলা কার্যান্বিত করা শুরু করে দিই ! মাত্র এক মাসের মধ্যে এই WAP ফর্মূলা চমৎকার ফলাফল প্রদান করেছিল আর সেই বিল্ডার নিজের কঠিনতার থেকে বাইরে বেরিয়ে আসতে লেগেছিলেন এবং খুব শীঘ্রই উনি নিজের ব্যবসা ক্ষেত্রের সকল প্রকারের কঠিনতার থেকে বাইরে বেরিয়ে এসে এক সফল ব্যক্তি হয়ে উঠেছিলেন !

❑❑❑

৪০

এক আর এক দুই নয়, এগারো নয়... একশো এগারো হয়

ব্যবসা এবং শিল্প জগতে সকল বিশিস্ট সফল ব্যক্তিরা এক আর এক সিদ্ধান্তের মূল্য জানেন! দয়া করে এটা নোট করে রাখুন যে, যদি আপনারা কোন ব্যবসা বা শিল্প জগতে রয়েছেন আর আপনাদের কোন বন্ধু অথবা আত্মীয় আপনাদের সাথে শামিল রয়েছেন... তাহলে সেই ক্ষেত্রে সর্বদা এটা মাথায় রাখবেন যে, এক আর এক দুই হয় না! কিছু লোক এমনটা চিন্তা করেন যে, ব্যবসা আর শিল্প জগতে এক আর এক এগারো হয়... কিন্তু আমার ব্যক্তিগত অভিজ্ঞতা এটা জানায় যে, এক আর এক দুই নয়... এগারোও নয় – একশো এগারো হয়! এই মূল সিদ্ধান্তের ওপরে বিশ্বাস রাখুন... এমনটা সত্যি-সত্যি হয়! এই বিচারধারা আর মূল সিদ্ধান্তের প্রতি সম্মান আর প্রেম প্রদর্শন করে নিজেদের বন্ধু-বান্ধব আর আত্মীয়দের সাথে ব্যবসাকে এগিয়ে নিয়ে চলুন! তাহলে আপনারা নিজেরাই এটা জানতে পারবেন যে, নিজের সাথে কাউকে যুক্ত করলে এক আর এক দুই নয়... এগারো নয় – বরং একশো এগারো হয়!

❑❑❑

81

জীবনের বাস্তবিকতায় বেঁচে থাকুন

যেসব ব্যক্তি নিজেদের জীবনে অতুলনীয় সফলতা অর্জন করে নিতে সফল হয়েছেন... তাঁদের প্রত্যেকের এই সংসারে জীবনের বাস্তবিকতায় বেঁচে থাকা উচিত! আপনারা কল্পনা আর অবাস্তবিকতায় বেঁচে থাকতে পারবেন না! এজন্য যদি আপনারা নিজেদের জীবনে বাস্তবিকতার বিচারধারা প্রযোজ্য করে দেন... তাহলে বিশ্বাস করুন, আপনারা বাস্তবে এক উৎকৃষ্ট ব্যক্তি হয়ে উঠতে পারবেন!

❑❑❑

82

নিজেদের দোষ স্বীকার করে নিন

নিজেদের দোষ স্বীকার করার সাহস দেখান! নিজেদের দোষ স্বীকার করে নেওয়ার গুণ আপনাদের মহান করে তুলবে! দোষ স্বীকার করার এই অভ্যাস আপনাদের নিজেদের বন্ধু-বান্ধব আর ব্যবসায়িক সাথীদের দৃষ্টিতে সম্মানীয় করে তুলবে! এজন্য আপনারা যদি কখনো কোন ভুল করে বসেন অথবা আপনাদের দ্বারা যদি কখনো কোন ভুল কাজ হয়ে বসে... তাহলে বৃথা তর্কে না গিয়ে ভালো এটাই হবে যে, আপনারা নিজেদের দোষ স্বীকার করে নেবেন! দোষ স্বীকৃতি আপনাদের মনকে শান্ত করে তুলবে! নিজেদের মধ্যে সর্বদা দোষ স্বীকৃতির অভ্যাস বিকশিত করে তুলুন!

❑❑❑

83

হাসিকে নিজের দিনচর্যার অঙ্গ করে তুলুন

"**আ**_পনারা হাসলে গোটা দুনিয়া আপনাদের সঙ্গে হাসবে! আপনারা যখন কাঁদেন... তখন আপনাদের এক-একাই কাঁদতে হয়!_" এটা হচ্ছে সেই প্রবাদবাক্য... যেটা আমরা অনেক বছর ধরে শুনে আসছি আর এই প্রবাদবাক্য সময়ের চক্রে নিজের সত্যতা প্রমাণও করেছে! কিন্তু এখানে আমি একটা কথা জানাতে চাই যে, আমেরিকার এক বিশ্ববিদ্যালয়ে চালানো এক অধ্যয়ণ এটা জানাচ্ছে যে, আপনারা যদি হাসেন... তাহলে আপনাদের আয়ু বৃদ্ধি পায়! এজন্য আপনারা যদি নিজেদের জীবনে প্রতি মুহূর্তে এই হাসার বিচারধারা প্রযোজ্য করেন... তাহলে আপনারা নিজেদের জীবনের মেয়াদকে প্রায় 7 বছর পর্যন্ত বাড়াতে পারবেন! প্রতিটি অতুলনীয় সফল ব্যক্তিই নিজের জীবনের মেয়াদকে বাড়াতে চাইবেন! এজন্য সর্বদা নিজের ঠোঁঠে হাসি বজায় রাখাটা নিজের জীবনের মেয়াদকে বাড়িয়ে তোলার এক দারুণ পদ্ধতি হয়!

❑❑❑

84

নিজের অন্তর্মনের স্বর চিনুন

অতুলনীয় কোন ব্যক্তির অন্তর্মন স্বর্গ দ্বারা ভরা থাকে আর তিনি প্রায় স্বর্গেই বসবাস করেন! হ্যাঁ... সেই স্বর্গে, যেটা আমরা দেখিনি! আমরা এখানে যে স্বর্গের কথা বলছি... সেটা হচ্ছে আপনাদের অন্তর্মন! এজন্য আমাদের নিজেদের অন্তর্মনে সেই স্বর্গের অনুভূতি প্রাপ্ত করার এটাই হচ্ছে সঠিক সময়! আমার স্বামী রামতীর্থ দ্বারা লিখে যাওয়া নীচের কথাগুলো মনে পড়ে যাচ্ছে... যেগুলো বাস্তবে কোন বিশেষ সফল ব্যক্তির ক্ষেত্রে প্রযোজ্য হয়!

নিজের ভেতরের আওয়াজকে অনুভব করুন! আপনাদের মনের সকল ইচ্ছা তৎক্ষনাত পূরণ হয়ে পড়বে এবং আপনাদের সকল দুঃখ-কষ্টের নিবারণ হয়ে পড়বে! ইংরাজী ভাষার এক কবিতার ভাব অনেকটা এই প্রকার!

নিজের মন আর হৃদয়ে স্বর্গের মত ভাবের সৃষ্টি করুন! আপনারা এটা দেখতে পাবেন যে, আপনাদের মন পূর্ণতার প্রতি অগ্রসর হচ্ছে! একবার... কেবলমাত্র একবার নিজের অন্তর্মনে প্রসন্নতা নিয়ে আসুন! আপনারা এটা দেখতে পাবেন যে, আপনাদের রোম-রোম প্রসন্নতায় পরিপূর্ণ হয়ে উঠেছে... আপনাদের সকল ইচ্ছা পূরণ হয়ে পড়েছে! আপনাদের হৃদয়ে অবস্থিত স্বর্গ আপনাদের সকল দুঃখ-কষ্টের নিবারণ করে দিয়েছে! এমনটা অনুভব করুন যে, প্রসন্নতা অথবা সুখ বাইরে কোথাও নেই... সেটা আপনাদের অন্তর্মনেই বিরাজমান হয়ে রয়েছে!

❑❑❑

85

সর্বদা ক্রোধ, মানসিক চাপ আর হতাশা এড়িয়ে চলুন

এক পত্রিকা নিজের মুখ্য রচনায় এমনটা লিখেছিল যে, মানসিক চাপ, হতাশা এবং আক্রামক ব্যবহার সেই সব ব্যক্তিদের ক্ষেত্রে মুখ্য সমস্যা হয়ে উঠতে পারে... যেসব ব্যক্তিদের ভাবনাত্মক প্রণালী দুর্বল হয় – যেটা আজকের চাপপূর্ণ জীবনযাত্রায় অত্যন্ত সাধারণ জিনিষ হয়ে উঠেছে! এর ফলে শারীরিক এবং ভাবনাত্মক সমস্যা সৃষ্টি হতে পারে... যেটা ব্যক্তির স্বাস্থ্যের গুরুতর ক্ষতি করতে পারে! এই ধরণের মনোবৈজ্ঞানিক সমস্যা অত্যন্ত দ্রুত বেড়ে উঠতে পারে! বিভিন্ন অধ্যয়ণ থেকে এটা জানতে পারা গেছে যে, মানসিক চাপ, ক্রোধ আর সামাজিক শত্রুতা মাথার যন্ত্রণা, ঘুম না আসা আর মাংসপেশীর টান ইত্যাদির সংকেত হয়! মানসিক অবসাদ আর খিট্‌খিটে স্বভাবকেও এরই এক অংশ হিসেবে মানা যেতে পারে! এই জিনিষটা আপনাদের দৈনন্দিন কাজে বাধা তো দিতেই পারে... এর ফলে আপনাদের স্মৃতিশক্তিও দুর্বল হয়ে পড়তে পারে এবং হার্ট এ্যাটাক হওয়ার ঝুঁকিও সৃষ্টি হতে পারে! কিন্তু এই সব কিছুর মাঝে একটা ভালো খবর হচেছ এটা যে, আপনারা মানসিক চাপ সৃষ্টিকারী চিন্তাধারাকে সরানো শিখতে পারেন আর সেগুলোকে ইতিবাচক চিন্তাধারায় পরিবর্তিত করতে পারেন!

কিন্তু বন্ধুরা! তথ্য হচেছ এটা যে, আজকের এই যান্ত্রিক যুগে ক্রোধ, হতাশা আর আক্রামক ব্যবহার বেশীর ভাগ লোকেদের মধ্যে এক অত্যন্ত সাধারণ ব্যাপার হয়ে উঠেছে! কিন্তু দয়া করে এই জিনিষটা মাথায় রাখবেন যে, আপনাদের ক্রোধ... আপনাদের হতাশা এবং আপনাদের আক্রামক ব্যবহার আপনাদের কোন লাভই প্রদান করতে পারে না... উল্টে এটা আপনাদের স্বাস্থ্য আর ব্যক্তিত্বের ওপরে খারাপ প্রভাব ফেলতে পারে! এজন্য আপনারা যদি জীবনে অতুলনীয় সফল ব্যক্তি হয়ে

উঠতে চান... তাহলে সর্বদা ক্রোধ, হতাশা আর আক্রামক ব্যবহার এড়িয়ে চলারই চেষ্টা করুন! এই সব কিছুর থেকে মুক্তি পাওয়ার জন্য আপনারা প্রতি দিন 5 মিনিটের জন্য প্রাণায়ামের অভ্যাস করতে পারেন! নিজেদের মন আর আত্মা দ্বারা নিজেদেরকে ইতিবাচক পরামর্শ প্রদান করুন... যেটা ক্রোধ, হতাশা এবং আক্রামক ব্যবহারের থেকে মুক্তি প্রদান করতে সহায়ক হবে!

❑❑❑

86

চিন্তা করবেন না... এই সময়ও কেটে যাবে

আপনারা ব্যবসা, চাকুরী অথবা জীবনের যে কোন ক্ষেত্রে যদি সফল ব্যক্তি হন... তাহলে আপনাদের প্রতি দিন অনেক প্রকারের চিন্তা আর মানসিক চাপ ইত্যাদি সমস্যার মোকাবিলা করতে হয়! তবুও আপনাদের ঈশ্বরের এই প্রবাদবাক্যে সম্পূর্ণ বিশ্বাস রাখা উচিত – *"এই সময়ও কেটে যাবে!"* এজন্য যখনই আপনারা কোন সমস্যায় পড়বেন বা কোন প্রকারের কঠিনতায় ঘিরে উঠবেন... তখনই এই লাইনটার ওপরে বিশ্বাস রাখুন – *"এই সময়ও কেটে যাবে!"* এখানে আমার টাইমস্ অফ্ ইণ্ডিয়া সংবাদপত্রে ছাপা এক কাহিনীর কথা মনে পড়ে যাচেছ... যেটা *'নারী জীবন'* বিশেষ সংখ্যায় ছাপা হয়েছিল! সেই কাহিনী আদিত্য বিড়লা সেন্টার ফর কম্যুনিটি ইনিশিয়েটিভ এ্যাণ্ড রুরাল ডেভেলপমেন্টের চেয়ারপার্সন রাজশ্রী বিড়লা দ্বারা বলা হয়েছিল! আমি এখানে সেই কাহিনী ওনারই শব্দে তুলে ধরছি ঃ

কিশোরাবস্থার এক কাহিনী আমার মনে পড়ে যায়... যেটা আমার ভবিষ্যত জীবনকে অত্যন্ত প্রভাবিত করেছিল! সেটা ছিল ভগবত গীতার মত এক দর্শন-শাস্ত্রের গুঞ্জরণ! ভগবত গীতা হচেছ সেই শাস্ত্র, যেটা আমার অত্যন্ত কাছের!

সলোমন নামের এক ইহুদী রাজার এক দিন মুড অত্যন্ত খারাপ হয়ে পড়েছিল! উনি সেদিন নিজের মুড খারাপ থাকায় নিজেরই এক মন্ত্রী বেনামীহা বেন য়াহোয়দাকে উচিত শিক্ষা দেবেন বলে ঠিক করেন! রাজা নিজের সেই মন্ত্রীকে এক অসম্ভব কাজ করার জন্য বলেন! মন্ত্রীকে এমন এক জাদু-আংটি খুঁজে বার করার জন্য বলা হয়, যে আংটিতে অদ্ভূত এবং অদ্বিতীয় গুণ থাকবে! আর সেই গুণ এমন হওয়া উচিত যে, আপনি যদি প্রসন্ন মুদ্রায় সেই আংটি ধারণ করেন... তাহলে আংটি পরামাত্র আপনি উদাস হয়ে উঠবেন আর

আপনি উদাস থাকলে প্রসন্নচিত্ত হয়ে উঠবেন!

রাজা সলোমন এই কাজটা করার জন্য নিজের মন্ত্রীকে 6 মাস সময় দিলেন! যদিও রাজা এবং মন্ত্রী – দুজনেই এটা খুব ভালো করে জানতেন যে, এই ব্রহ্মাণ্ডে এমন কোন আংটি নেই! আংটি খোঁজার সময় সীমা শেষ হয়ে আসার কিছুদিন আগে, মন্ত্রী যখন এমন আংটি কোথাও খুঁজে পেলেন না... তখন উনি মরুভূমির আশপাশের এলাকাগুলোয় আংটি খোঁজার নির্ণয় গ্রহণ করলেন!

সেখানে এক বৃদ্ধ ব্যবসায়ী ওনার দৃষ্টি আকর্ষণ করল... যে কার্পেটের ওপরে নিজের মাল রেখে বিক্রী করার জন্য বসে ছিল! মন্ত্রী ভাবলেন সেই বৃদ্ধকেই জিজ্ঞাসা করে দেখা যাক! উনি সেই বৃদ্ধ ব্যবসায়ীকে জিজ্ঞাসা করলেন যে, তার কাছে কি এমন কোন জাদু-আংটি আছে... যেটা প্রসন্ন ব্যক্তিকে দুঃখী আর দুঃখী ব্যক্তিকে প্রসন্ন করে তুলতে সক্ষম ?! বৃদ্ধ ব্যবসায়ী মুচকি হেসে মন্ত্রীর হাতে এক সোনার আংটি তুলে দিল... কিন্তু আংটি দেওয়ার আগে ও সেটার ওপরে চারটি শব্দ লিখে দিল! মন্ত্রী আংটির ওপরে লেখা সেই শব্দগুলো পড়লে উনি অত্যন্ত প্রসন্ন হয়ে উঠলেন! এবার ওনার এমনটা মনে হতে লাগল যে, ওনার মিশন সম্পূর্ণ হয়েছে! উনি আংটি হাতে রাজ দরবারে রাজা সলোমনের কাছে এসে পৌঁছলেন! রাজা এবং ওনার বাকী মন্ত্রীরা বেনামীহার উপহাস করতে লাগলেন... কারণ তাঁদের এমনটা মনে হচ্ছিল যে, বেনামীহা আংটি আনতে পারেননি! কিন্তু বেনামীহা মুচকি হেসে রাজার হাতে আংটি তুলে দিলেন! রাজা সলোমন আংটির ওপরে লেখা শব্দগুলো পড়েই একেবারে চুপ করে গেলেন! সেই শব্দগুলো ছিল – *"এই সময়ও কেটে যাবে!"* হঠাৎ রাজা সলোমন এমনটা অনুভব করলেন যে, এই জীবনে কোন কিছুই সর্বদা থাকে না... জীবনে সব কিছু আসা-যাওয়া করতে থাকে!

এই চারটি শব্দ – *"এই সময়ও কেটে যাবে!"* সর্বদা আমাকে অত্যধিক শক্তি, সামর্থ্য আর আশা প্রদান করে এসেছে! পরে আমি এটা জানতে পেরেছি যে, এই শব্দগুলো সেই সময় বিশ্বব্যাপী প্রসিদ্ধি প্রাপ্ত করেছিল... যখন আমেরিকার প্রাক্তণ রাষ্ট্রপতি আব্রাহাম লিংকন নিজের এক ভাষণে এই শব্দগুলোর প্রয়োগ করেছিলেন!

আমি এমনটাও মনে করি যে, আপনারা যদি এই জীবনকে ইতিবাচক দৃষ্টিভঙ্গীতে দেখেন... তাহলে আপনারা জীবনে ইতিবাচকতাই দেখতে পাবেন!

রাজশ্রী বিড়লা নিজের কাহিনীতে উপরোক্ত যে গুরুত্বপূর্ণ বার্তা প্রদান করেছিলেন... সেটা সেই সব ব্যক্তিদের শক্তি প্রদান করবে... যাঁরা জীবনে

উৎকৃষ্ট সফলতা অর্জন করতে চান ! আমি নিজের ব্যক্তিগত অভিজ্ঞতা থেকে এমনটা বলতে পারি যে, এই চারটি শব্দ – *“এই সময়ও কেটে যাবে !”* আমাদের সেই সময় সব থেকে বেশী শক্তি প্রদান করে... যখন আমরা নিজেদের জীবনে সব থেকে বেশী কষ্ট আর কঠিনতার মোকাবিলা করি ! কথা শুধু এইটুকু যে, আমাদের এই চারটি শব্দের ওপরে বিশ্বাস রাখা উচিত !

❑❑❑

87

চাপমুক্ত জীবনশৈলী

জীবনে বিশেষ সফল ব্যক্তিদের জীবন-শৈলী সর্বদা চাপমুক্ত হওয়া উচিত ! আপনারা যদি নিজেদের মানসিক চাপকেই নিয়ন্ত্রিত করতে না পারেন... তাহলে আপনারা কিসের সফল ব্যক্তি ! সম্প্রতি মানসিক চাপের কারণেই এক প্রসিদ্ধ ফ্যাশন ডিজাইনার 42 বছর বয়স্ক রোহিত বল হৃদ্‌রোগে আক্রান্ত হয়ে পড়েছিলেন ! এটা সেই সব ব্যক্তিদের প্রতি বিপদ সংকেত... যেসব ব্যক্তিদের জীবন-শৈলী অত্যন্ত চাপপূর্ণ হয় ! এজন্য প্রতিটি অতুলনীয় সফল ব্যক্তির নিজের মন-মস্তিস্কে চাপ একেবারেই রাখা উচিত নয় ! চাপমুক্ত জীবন আপনাদের আনন্দ, শান্তি আর প্রসন্নতা প্রদান করবে এবং আপনাদেরকে জীবনে অতুলনীয় সফলতা প্রাপ্ত করার পথে এগিয়ে নিয়ে চলবে !

❑❑❑

৪৪

সেটাই হোন্... যেটা আপনি হতে চান

জীবনে অতুলনীয় সফল ব্যক্তির সর্বদা এমনটা চিন্তা করা উচিত যে, যদি তাঁর ভেতরে বিশ্বাস থাকে... তাহলে তিনি যেটা চান, সেটা করে দেখাতে পারেন! যেসব ব্যক্তি জীবনে সফলতা অর্জন করতে চান, তাঁদের প্রতি আমার পরামর্শ হচ্ছে এই যে, তাঁদের সেটাই করা উচিত... যেটা তাঁরা নিজেরা করতে চান! জীবনে আনন্দ তখনই আসে, যখন আপনারা সেই কাজটা করতে সক্ষম হয়ে ওঠেন... যে কাজটা আপনারা করতে চান! নবযুবকদের প্রতি আমার পরামর্শ হচ্ছে এই যে, আপনারা নিজেরা যেটা হতে চান... আপনারা সেটাই হোন্! এর জন্য আবশ্যকতা হচ্ছে সম্পূর্ণ সমর্পণ, আস্থা আর অর্জুনের মত এক ভাবে লক্ষ্যকে দেখে চলা! এই তিনটি জিনিষই আপনাদের সেটা করে তুলবে, বাস্তবে আপনারা যেটা হতে চান! আমার মনে পড়ে যাচ্ছে – ভারতের শ্রেষ্ঠ অটোমোবাইল ডিজাইনার দলীপ ছাবড়িয়া যখন ছোট ছিলেন, তখন ওনার দিনের বেশীর ভাগ সময় গাড়ীর ছবি এঁকে কাটত! গাড়ীর প্রতি ওনার আকর্ষণ ওনাকে আমেরিকার অটোমোটিভ আর্ট স্কুলে টেনে নিয়ে গিয়েছিল... যেখান থেকে উনি আর্ট কোর্স করেন! বিশ্ব প্রসিদ্ধ এই আর্ট স্কুল থেকে এই কোর্স করার পরে এবং ভারতে ফিরে আসার আগে উনি কিছুটা সময় জেনারেল মোটর্সে কাজ করেন! 1993 সালে যখন উনি নিজের কোম্পানী শুরু করেন... তখন ওনার কোম্পানীতে কর্মচারীদের সংখ্যা ছিল কেবলমাত্র 8! আর এখন ছাবড়িয়ার কোম্পানীতে 400 কর্মচারী রয়েছে এবং 250 অতুলনীয় গাড়ী ওনার নামে রয়েছে! এখন ছাবড়িয়া ফার্নিচার, ফ্রীজ আর টেলিভিশনের ডিজাইনিং-য়ে বিবিধতা নিয়ে আসতে চান! এজন্য আপনারা নিজেরা যেটা চান... আপনাদের সেটাই হয়ে ওঠা উচিত! নিজের ওপরে বিশ্বাস রাখুন আর নিজের

লক্ষ্যের প্রতি সম্পূর্ণ সমর্পণের সাথে এগিয়ে চলুন! আমি এখানে নিজের পাঠকদের সাথে এক ছোট্ট কাহিনী ভাগ করে নিতে চাই... যেটা আমি সম্প্রতি যোগাশীমা পত্রিকায় পড়েছিলাম আর যেটার দ্বারা আমি অত্যন্ত বেশী প্রভাবিতও হয়ে উঠেছিলাম! সেই কাহিনী ট্যান্সীতে এক অত্যন্ত দরিদ্র পরিবারে জন্মগ্রহণ করা এক ছোট্ট মেয়ের! ওরা মোট 22-জন ভাই-বোন ছিল আর ভাই-বোনেদের মধ্যে ও ছিল 20 নম্বর! ওর জন্ম সময়ের আগেই হয়ে পড়েছিল... এজন্য শারীরিক রূপে ও অত্যন্ত দুর্বল ছিল! 4 বছর বয়সে ওর ডবল নিমোনিয়া হয়ে পড়ে... যার ফলে ও শারীরিক রূপে পঙ্গু হয়ে পড়ে... ওর একটা পা বেকার হয়ে পড়ে! ওকে লোহার পা লাগাতে হয়! তবুও ও এই দিক থেকে সৌভাগ্যশালী ছিল যে, ওর পাশে ওকে উৎসাহ জোগানোর জন্য ওর মা মজুদ ছিলেন!

ওর মা ওকে উৎসাহিত করে বলতেন – *"এটা সত্যি কথা যে, তুমি শারীরিক রূপে দুর্বল আর পঙ্গু... কিন্তু তুমি অত্যন্ত বুদ্ধিমতী! তুমি জীবনে সেই সব কাজ করতে পারবে... যেগুলো তুমি করতে চাও!"* মা নিজের মেয়েকে বললেন – *"তোমার কেবল বিশ্বাস, সাহস, দৃঢ়তা আর অদম্য নির্ভীকতার আবশ্যকতা রয়েছে!"*

9 বছর বয়সে মেয়েটি নিজের নকল লোহার পা খুলে ফেলে আর কোন প্রকারের সহায়তা ছাড়াই প্রথম পদক্ষেপ রাখে! পরের 4 বছরে ওর হাঁটাচলায় উন্নতি আসে... যেটা চিকিৎসা জগতে এক চমৎকার ছিল! ঠিক তখনই সেই ছোট্ট মেয়েটার মাথায় এক চিন্তা আসে... এক অবিশ্বসনীয় চিন্তা যে, ও দুনিয়ার মহানতম মহিলা রানার হতে চায়!

13 বছর বয়সে ও সর্বপ্রথম এক রেসে অংশ নেয়! ও সবার শেষে রেস শেষ করে! এর পরে ও নিজের স্কুলে অনুষ্ঠিত হওয়া প্রতিটি রেসে অংশ নেয় আর প্রতিটি রেসেই ও সবার শেষে ছিল! সবাই ওকে রানার হওয়ার চিন্তা মন থেকে ঝেড়ে ফেলার পরামর্শ দেয়! কিন্তু মেয়েটি হার মানেনি আর এর পরের রেসে ওর স্থান অন্তিম রানারের ঠিক আগে ছিল! আর একটা দিন এমন আসে... যেদিন ও কোন রেসে প্রথম আসে! সেদিনের পর থেকে উইলমা রুডোলফ্ যে রেসেই অংশ নিয়েছেন... প্রতিটি রেসেই উনি প্রথম স্থান অধিকার করেন!

উইলমা ট্যান্সী বিশ্ববিদ্যালয়ে যান! সেখানে ওনার সাথে এ্যাড টেম্পল নামক এক কোচের পরিচয় হয়! কোচ উইলমার অদম্য ভাবনা দেখে ওকে ট্রেনিং দেওয়ার সিদ্ধান্ত নেন... কারণ ওনার মতে

উইলমার মধ্যে প্রাকৃতিক গুণ ছিল! টেম্পল উইলমাকে এতটাই ভালো প্রশিক্ষণ প্রদান করেন যে, উইলমা অলিম্পিকে অংশ নেওয়ার সুযোগ পান!

অলিম্পিকে উইলমার মোকাবিলা সেই সময়ের বিখ্যাত জার্মান রানার জুটা হাইনের সাথে হয়! সেই সময় পর্যন্ত হাইনকে কেউ-ই রেসে হারাতে পারেননি! উইলমা 100 মিটার রেসে হাইনকে হারিয়ে রেস জিতে নেন! উইলমা এর পরে হাইনকে 200 মিটার রেসেও হারিয়ে দেন! এবার উইলমার কাছে 2-টি অলিম্পিক স্বর্ণপদক ছিল!

অন্তিম রেস 400 মিটার রিলে রেস ছিল! এখানেও মুখ্য মোকাবিলা উইলমা আর হাইনের মধ্যে ছিল! উইলমার টীমে প্রথম দুজন রানার সঠিক ভাবে ব্যাটন বিনিময় করেন... কিন্তু তৃতীয় রানার উইলমার হাতে যখন ব্যাটন তুলে দেন, তখন উইলমার হাত থেকে ব্যাটন মাটিতে পড়ে যায়! এই ফাঁকে হাইন সামনের দিকে এগিয়ে যান... কিন্তু দুর্বল উইলমা অসাধারণ দৌড়ের নিদর্শন রেখে হাইনকে পেছনে ফেলে রেস জিতে নেন! উইলমা রুডোলফের কাছে এবার 3-টি অলিম্পিক স্বর্ণপদক হয়ে পড়েছিল!

এই ছোট্ট বাস্তবিক কাহিনী নিশ্চিত রূপে প্রতিটি ব্যক্তিকে এই প্রেরণা দেয় যে, প্রতিটি ব্যক্তি জীবনে সেটাই প্রাপ্ত করেন... যেটা প্রাপ্ত করার স্বপ্ন তিনি দেখতে থাকেন!

❑❑❑

৪৭

নিজের ইচ্ছাশক্তি দ্বারা নিজের ভাগ্য বদলান

যদি আপনাদের মধ্যে ইচ্ছাশক্তি থাকে... তাহলে মেহনত আর সমর্পণের ভাবনা দ্বারা আপনারা নিজেদের ভাগ্য বদলাতে পারেন! অতীতেও, বড় সংখ্যায় সফল ব্যক্তিরা মেহনত আর সমর্পণ ভাবনা দ্বারা নিজেদের ভাগ্য পরিবর্তন করেছেন... কারণ এমনটা করার জন্য তাঁদের কাছে ইচ্ছাশক্তি ছিল! এমনটা করার জন্য আপনাদের প্রেরণা প্রাপ্ত করার আবশ্যকতা রয়েছে এবং সেই প্রেরণা প্রাপ্ত করার জন্য আপনাদের উপনিষদের বার্তা পড়তে হবে... যাতে এমনটা বলা হয়েছে ঃ

আপনারা সেটাই হন... যেটা আপনাদের ইচ্ছাশক্তি হয় আর যেটা আপনাদের ইচ্ছাশক্তি হয়, সেটাই হচ্ছে আপনাদের সংকল্প শক্তি... যেটা আপনাদের সংকল্প শক্তি হয়, সেটাই আপনাদের কর্ম হয় আর যেটা আপনাদের কর্ম হয়, সেটাই আপনাদের ভাগ্য হয়! এজন্য দৃঢ় ইচ্ছাশক্তি আর প্ল্যান-প্রোগ্রাম দ্বারা ভাগ্য পরিবর্তন করা সম্ভব হয়! আপনাদের মধ্যে... আপনাদের মনে বিশ্বাস আর লক্ষ্য প্রাপ্ত করার সক্ষম হওয়ার ইচ্ছা থাকা উচিত! এখানে আমার হেন্‌রী ফোর্ড দ্বারা বলা কিছু কথা মনে পড়ে যাচ্ছে! উনি বলেছিলেন – *"আপনারা এমনটা বিশ্বাস করেন যে, আপনারা করতে পারবেন আর আপনারা এমনটা বিশ্বাস করেন যে, আপনারা করতে পরবেন না – এটাই হচ্ছে সত্য!"* এজন্য অসম্ভবকে সম্ভব করে তোলার চেষ্টা করুন... নিজের ভাগ্য বদলানোর চেষ্টা করুন! নিজেদের দৃঢ় ইচ্ছাশক্তি আর মেহনত দ্বারা জ্যোতিষ আর

ভাগ্যকে বদলানোর চেষ্টা করুন! সব থেকে ভালো হবে, যদি আপনারা নিজেদের বাথরুমের আয়নায় পরের পৃষ্ঠার শব্দগুলো লিখে নেন ঃ

"আমি সেই ব্যক্তির মুখ দেখতে পাচ্ছি... যে আজ আমার সফলতা আর বিশেষ সফলতার ভাগীদার হতে চলেছে!" পুনরাবৃত্তি করুন ঃ *"আমি সেই ব্যক্তির মুখ দেখতে পাচ্ছি... যে আজ আমার সফলতা আর বিশেষ সফলতার ভাগীদার হতে চলেছে!"*

❑❑❑

90

সর্বদা নেতৃত্ব প্রদানের স্বপ্ন দেখুন

স্বপ্ন আর স্বপ্ন! এক সফল শিল্পপতি হয়ে ওঠার স্বপ্ন! আপনাদের স্বপ্ন আপনাদের সম্পূর্ণ রূপে বিশ্বস্ত করে তুলুক যে, আপনারা নিশ্চিত রূপে জীবনে বিশেষ সফলতা অর্জন করবেন! আমি যোগাশীমা পত্রিকায় প্রকাশিত একটি *'প্যারাগ্রাফ'* দ্বারা অত্যন্ত প্রভাবিত হয়ে উঠেছিলাম... যাতে এমনটা লেখা ছিল যে, আমরা যখন যুবা ছিলাম, তখন আমাদের মনে স্বপ্ন আর আশা থাকত! আমরা পরিস্থিতির ব্যাপারে কল্পনা করতাম আর এমনটা চিন্তা করতাম যে, আমরা কি করতে চাই আর জীবনে কি হতে চাই! আমাদের কোন্-কোন্ ব্যাপারে গর্ব হবে বা প্রসন্নতা প্রাপ্ত হবে এবং আমরা বড় হয়ে কি হব! এই সব কিছু নিজের মত করে চলতে থাকত! আমরা নিজেদের সফলতা আর ব্যর্থতা মেনে চলতাম! পরিবর্তন, দ্রুত সব কিছু করার আবশ্যকতা, মানসিক চাপ আর ব্যর্থতা আমাদের দূরদৃষ্টির ওপরে প্রভাব ফেলল! সব কিছু বদলে গিয়েছিল... কিন্তু সেটা তখনও আমাদের স্বপ্ন ছিনিয়ে নিতে পারেনি! আমাদের স্বপ্ন দেখতে হবে – নিজেদের ভবিষ্যতের জন্য... নিজেদের ইচ্ছাগুলোর জন্য... নিজেদের কামনার জন্য – তা আমাদের এই সব জিনিষের জন্য বুড়ো হিসেবে মানা হলেও!

কর্ণেল স্যাণ্ডার্স 60 বছর বয়সে নিজের ব্যবসা শুরু করেছিলেন আর উনি সফলতাপূর্বক কে. এফ. সি. ব্যবসা চালাতে শুরু করেন! আপনারা বৃদ্ধ বা যুবা – আপনাদের কাজের ওপরে সেটার কোন প্রভাবই পড়ে না! মুখ্য জিনিষ হচ্ছে এই যে, আপনাদের মধ্যে স্বপ্ন দেখার আর সেই সব স্বপ্ন সাকার করার মত সাহস থাকা উচিত! সর্বদা স্বপ্নের ব্যাপারে চিন্তা করা... সেটার কল্পনা করা... সেই ব্যাপারে কথা বলা... প্ল্যান-প্রোগ্রাম তৈরী করা – এই সব কিছু আপনাদের নিজেদের স্বপ্নকে

সাকার করে তোলার আরও কাছাকাছি নিয়ে যাবে!

শিল্পপতি হওয়াটা এক স্বপ্নের মধ্য দিয়েই শুরু হয় – তা সেটা এক ছোট্ট রেস্তোঁরা খোলা হোক্... প্রপার্টির বিশাল কারবার হোক্ অথবা ইংরাজী ভাষা শেখানোর এক ছোট্ট ট্রেণিং সেন্টার!

স্বপ্ন দেখার সক্ষমতা হচ্ছে সেই গুণ... যেটা কেবলমাত্র মনুষ্য জাতির কাছেই রয়েছে! 84 লক্ষ যোনির মধ্যে আর কারও কাছেই এই স্বপ্ন দেখার গুণ নেই! এজন্য স্বপ্ন দেখুন! বড় স্বপ্ন... ছোট স্বপ্ন... সর্বদা বজায় থাকা স্বপ্ন... নতুন স্বপ্ন... নিজের হবির সাথে সম্বন্ধিত স্বপ্ন... জীবনকে বদলে দেওয়া স্বপ্ন... ধার্মিক স্বপ্ন... মূর্খতাপূর্ণ বা বুদ্ধিমত্তাপূর্ণ স্বপ্ন! যা কিছুই হোক্ না কেন... স্বপ্ন দেখে চলুন... নিরন্তর দেখে চলুন – কিন্তু এক সময়-সীমার সাথে! যান... স্বপ্ন দেখুন আর সেগুলোকে সাকার করে তুলুন!

❑❑❑

91

নিজের কর্মচারীদের দ্বিগুণ প্রেম করুন

কোন সফল ব্যক্তি একার জোরে অতুলনীয় সফলতা অর্জন করতে পারেন না! আপনাদের কর্মচারীরাও, আপনাদের ওপরে তুলে ধরতে এবং আপনাদের প্রসন্নতায় সমান সহায়ক হন! সুতরাং এটাই হচ্ছে সেই সময়... যখন আপনারা নিজেদের কর্মচারীদের কেবল প্রেমই করবেন না... বরং তাঁদের আগের থেকে দ্বিগুণ প্রেম করবেন! নিজেদের মধ্যে এই আর্টের বিকাশ করুন আর এই আর্ট আপনাদের নিজেদের ব্যবসায় সফলতা আর পুরস্কার প্রদান করবে! এক দিন আমি এক বড় রিয়েল এস্টেট কোম্পানীর জেনারেল ম্যানেজারের সাথে মিলিত হয়েছিলাম! উনি আমাকে ওনার নিজের সাথে ঘটা এক কাহিনী শোনান! সেই জেনারেল ম্যানেজার কোম্পানীতে যোগ দেওয়ার পরে পুরো একটা বছরও কাটেনি! এক দিন উনি যখন অফিসে এলেন... তখন ওনার বস্... যেনি কোম্পানীর ম্যানেজিং ডায়রেক্টর ছিলেন, ওনাকে নিজের অফিসে ডেকে পাঠালেন! ম্যানেজিং ডায়রেক্টর ডেকে পাঠানোয় জেনারেল ম্যানেজার বড়ই অবাক হয়ে উঠলেন... কারণ উনি নিজের কাজের রিপোর্ট কেবলমাত্র সিনীয়র ভাইস প্রেসিডেন্টকে দিতেন আর খুব কম সময়ই উনি কোম্পানীর ম্যানেজিং ডায়রেক্টরের সাথে মিলিত হওয়ার সুযোগ পেতেন! জেনারেল ম্যানেজার যখন ম্যানেজিং ডায়রেক্টরের অফিসে ঢুকলেন... তখন উনি আশ্চর্যচকিত হয়ে উঠলেন! ম্যানেজিং ডায়রেক্টর ওনাকে ওনার জন্মদিনের অভিনন্দন জানিয়ে এক ফুলের বোকে ওনার হাতে তুলে দিলেন! জেনারেল ম্যানেজার অত্যন্ত অভিভূত হয়ে উঠলেন! এই ছোট্ট কাজটা এক বিরাট বড় বার্তা প্রদান করে যে, ম্যানেজমেন্ট কর্মচারীদের ভালবাসে আর তাঁদের ছোট-ছোট খুশীর ব্যাপারে ভাবনা-চিন্তা করে! অতএব, আপনারাও নিজেদের কর্মচারীদের কেবল ভালই বাসবেন না... তাঁদের দ্বিগুণ ভালবাসা দিন! আপনারা এটা দেখতে পারবেন যে, আপনাদের কর্মচারীরা সত্যিকারের সমর্পিত ভাবনার সাথে আপনাদের জন্য কাজ করে চলেছেন!

❑❑❑

92

নিজের ইচ্ছাশক্তিকে বাড়িয়ে তুলুন

প্রতিটি অতুলনীয় সফল ব্যক্তির নিজের ইচ্ছাশক্তি বাড়িয়ে তোলার লক্ষ্য স্থাপন করা উচিত! স্বামী শিবানন্দ ইচ্ছাশক্তির বিকাশের ওপরে প্রচুর জোর দিতেন! ওনার মতে, ইচ্ছাশক্তি হচ্ছে সেই সক্ষমতা... যেটা ব্যক্তির গতি, আভ্যন্তরীণ অবস্থা, ভাবনা আর বিচারগুলোকে নিয়ন্ত্রিত করে! এটা হচ্ছে মনের সেই শক্তি অথবা অবস্থা... যেটা কোন কিছু করা বা না করাকে নির্দ্ধারণ করে!

ধৈর্য্য আর দৃঢ়তা... পরিশ্রম এবং দৃঢ় নিশ্চয়তা... খিট্‌খিটে স্বভাব আর অনিচ্ছার হাত থেকে মুক্তি পাওয়া... ক্রোধের ওপরে নিয়ন্ত্রণ প্রাপ্ত করা... দৈনন্দিন ডায়রী লেখা – এই সব কিছু হচ্ছে ইচ্ছাশক্তি বিকশিত করার দীর্ঘকালীন রাস্তা! অন্যদের অরুচিকর শব্দও শোনার আর বোঝার চেষ্টা করুন... কারো কথায় চট্ করে রেগে উঠবেন না!

অরুচিকর কথা শোনা বা অরুচিকর কাজ করাও ইচ্ছাশক্তিকে বাড়িয়ে তোলে! আপনারা কোথাও গেলে সেখানে কঠিনতার মুখোমুখি হওয়াটা অত্যন্ত স্বাভাবিক ব্যাপার হয়... কিন্তু কখনো সেখানকার পরিস্থিতির ব্যাপারে অভিযোগ জানাবেন না! যে কোন জায়গায়... যে কোন পরিস্থিতিতে প্রসন্নতাপূর্বক থাকার চেষ্টা করুন... আপনারা শক্তিশালী, এনার্জীবান আর সফল হয়ে উঠবেন! আপনারা যে কোন কঠিত পরিস্থিতি জয় করে নিতে সক্ষম হয়ে উঠবেন! যে ব্যক্তির কাছে শক্তিশালী, মজবুত ইচ্ছাশক্তি থাকে... তিনি যে কোন কিছু প্রাপ্ত করতে পারেন! এজন্য আপনারা যদি জীবনে উৎকৃষ্ট সফলতা হাসিল করতে চান... তাহলে আপনাদের নিজেদের ইচ্ছাশক্তিকে বিকশিত করে তুলতে হবে!

❑❑❑

93

জীবনের গুণগুলোকে আত্মসাৎ করুন

কোন বিশেষ সফল ব্যক্তির জীবনের সত্যিকারের গুণগুলোকে আত্মসাৎ করা উচিত... যাতে তাঁর মধ্যে অতুলনীয় সফল ব্যক্তিত্বের বিকাশ হতে পারে! স্বামী শিবানন্দ এমন 18-টি গুণের ব্যাপারে জানিয়েছেন এবং ওনার মতানুসারে এই গুণগুলো কোন ব্যক্তিকে পরিপূর্ণ করে তোলে! স্বামী শিবানন্দ যে 18-টি গুণ লোকেদের মধ্যে প্রচারিত করেছিলেন, সেগুলো হচ্ছে ঃ

গম্ভীরতা, নিয়মিততা, অহংকারী না হওয়া, সততা, স্বাভাবিকতা, সত্যতা, ধৈর্য্য, স্হিরতা, খিট্‌খিটে না হওয়া, অনুকূলনশীলতা, বিনম্রতা, দৃঢ়তা, দৃঢ় নৈতিকতা, দয়ালুতা, ক্ষমাশীলতা, পরোপকারিতা, উদারতা এবং পবিত্রতা!

স্বামী শিবানন্দ এই সব যৌগিক নির্দেশগুলোর ব্যাপারে স্পষ্ট সংকেত দিয়েছেন... যেগুলো আমাদের প্রত্যেকের জীবনে আত্মসাৎ করা উচিত! এক শিক্ষকের রূপে যে কোন ক্লাস নেওয়ার আগে গম্ভীরতার অভ্যাস আবশ্যক হয়! কোন যোগ প্রশিক্ষকের পক্ষে অহংকার না থাকাটা আবশ্যক হয়! সর্বপ্রথম নিজের অহংকারকে নিয়ন্ত্রিত করুন... তারপর নিজের প্রতিক্রিয়া আর নিজের গর্বকে নিয়ন্ত্রিত করার চেষ্টা করুন!

স্বামী শিবানন্দের মতে যোগ প্রশিক্ষকদের বেশী করে বিদ্যার্থী হওয়ার আবশ্যকতা রয়েছে... কারণ ক্লাসে পড়ানো ছাড়া তাঁর নিজেকে নিয়ন্ত্রিত করার আর্টও শেখা উচিত! আমাদের মনে যখন শিক্ষণের বিচার আসে আর তার সাথে-সাথে অহংকারও আসে... সেই সময় যোগের নির্দেশগুলোর পালন করা সম্ভব হয় না! লোকেদের কেবল যোগের ব্যাপারে বলা আর তাঁদের যোগ শেখানোই কোন ভালো শিক্ষকের মাপদণ্ড হয় না! এক যোগ প্রশিক্ষকের রূপে শ্রেষ্ঠত্ব অর্জন করার জন্য আপনাদের যোগের নির্দেশগুলো পালন করার সাথে-সাথে নিজের এক আলাদা পরিচিতিও গড়ে তুলতে হবে! লোকেদের যোগ শেখান... কিন্তু

তার আগে নিজে যোগের নির্দেশগুলোর পালন করুন! আপনারা নিজেদের নেতিবাচকতা আর মানসিক দ্বন্দ্বকে কি ভাবে নিয়ন্ত্রিত করেন... সেই জিনিষটাই আপনাদের এক ভালো যোগ প্রশিক্ষক করে তোলে!

আপনারা যদি উপরোক্ত 18-টি গুণকে নিজেদের ভেতরে আত্মসাৎ করার লক্ষ্য স্থাপন করেন আর সেগুলোর মধ্যে থেকে আপনারা যদি 10-টি গুণও নিজেদের জীবনে প্রযোজ্য করে নেন... তাহলে আপনারা এক সফল ব্যক্তির রূপে পরিগণিত হবেন! কিন্তু আপনারা যদি 15-টি গুণ বা তার থেকে বেশী গুণ প্রাপ্ত করে নেন... তাহলে নিশ্চিত রূপে আপনারা বিশিষ্ট সফল ব্যক্তি হিসেবে প্রমাণিত হবেন!

❑❑❑

94

নিজের আত্মসম্মান বজায় রাখুন

আত্মসম্মান বৃদ্ধি করা বা সেটাকে বজায় রাখা ভালো জিনিষ হয়! যোগাভ্যাস হচেছ জীবনের সৌহার্দ্রতার কলা আর বিজ্ঞান... এটা আপনাদের আত্মসম্মানের নিয়ম আর অভ্যাসের ব্যাপারে শিক্ষা প্রদান করে! আত্মসম্মানের অর্থ হচেছ – নিজের ব্যাপারে ভালো চিন্তা করা! আপনারা যদি নিজেদের মধ্যে আত্মসম্মান বজায় রাখার অভ্যাস গড়ে তোলেন আর সেটাকে এই চিন্তা করে বজায় রাখেন – *"হ্যাঁ, আমি এক সফল ব্যক্তি! আমি সমাজের এক যোগ্য ব্যক্তি... তা লোকেরা আমার ব্যাপারে যা-ই বলুক না কেন!"* এটা আপনাদের আত্মসম্মানই হয়... যেটা আপনাদের নিজেদের হীণমন্যতা থেকে বাইরে বেরিয়ে আসতে সহায়তা করে! এটা এক তথ্য যে, আমরা নিজেদের মস্তিস্কের ক্ষমতার কেবলমাত্র 10% শতাংশই উপযোগ করি আর 90% শতাংশ ক্ষমতার উপযোগ আমরা করি না! কিন্তু আমরা যদি নিজেদের আত্মসম্মানকে উচ্চ স্হান প্রদান করি... তাহলে আমরা নিজেদের ব্যক্তিত্ব আরও বেশী ফুটিয়ে তুলতে পারব! যদি কোন কিছুর অভাব থেকে থাকে... তাহলে সেটা হচেছ আমাদের মনের প্ল্যান-প্রোগ্রাম তৈরী না করা আর আত্মসম্মানের ব্যাপারে চিন্তা না করা! অতএব নিজেদের আত্মসম্মানের ব্যাপারে ভাবনা-চিন্তা করতে শুরু করে দিন আর নিজেদের আত্মসম্মানকে নিরন্তর বজায় রাখার চেস্টা করুন!

❑❑❑

95

হাঁসের আচরণ গ্রহণ করুন

যে কোন অতুলনীয় সফল ব্যক্তির হাঁসের থেকে প্রেরণা গ্রহণ করা উচিত! হাঁসের আচরণ গ্রহণ করে আমরা জীবনে বড় সফলতা প্রাপ্ত করতে পারি! স্বামী শিবমূর্তি সরস্বতী বড়ই সুন্দর ভাবে হংস আচরণের বিশ্লেষণ করেছেন! ওনার মতানুসারে – *"হংস আচরণ আমাদের জীবনে অনেক কিছু প্রাপ্ত করতে সহায়তা করতে পারে! তার জন্য এটাও আবশ্যক হয় যে, আমরা জীবনের সেই বর্তমান সত্যতাগুলোকে মেনে নেব... যেগুলো আমাদের শরীর আর মনের সাথে সম্বন্ধিত হয়!"* আপনারা কি কখনো নিজেদের শরীরের কথা মেনেছেন? আপনারা রোগা-পাতলা হতে চান... কিন্তু আপনারা প্রাকৃতিক রূপে গোলগাল! আপনারা যদি এই জিনিষটাকে মেনে নেন... একমাত্র তাহলেই আপনারা নিজেদের মধ্যে পরিবর্তন নিয়ে আসতে পারেন! স্বীকৃতির অর্থ সমঝোতা কখনোই হয় না! আমাদের নিজেদের সেই সব গুণের ব্যাপারে জ্ঞান থাকা উচিত... যেগুলোকে আমরা তেমনটাই বজায় রাখতে চাই অথবা যেগুলোকে আমরা পরিবর্তন করতে চাই!

হংস আচরণ আমাদের জীবনকে আরও ভালো ভাবে নিয়ন্ত্রিত করতে সহায়তা প্রদান করে! প্রতীকাত্মক রূপে সংস্কৃতে এটাকে *'হম্সা'* বলা হয়েছে... যার অর্থ হচ্ছে এই যে, যেটা সত্যকে অসত্যের থেকে পৃথক করতে পারে... যেটা ভালো আর মন্দের মধ্যে পার্থক্য নিরূপণ করতে পারে... যেটা বাস্তবিক স্বরূপের ওপারে দেখতে পারে... যেটা জীবনের গূঢ় অর্থ জানে আর যার সঠিক বুদ্ধিমত্তা রয়েছে! হংস টেক্‌নিক আমাদের নিজেদের শক্তি, দুর্বলতা, উচ্চাকাংখা আর আবশ্যকতাগুলোকে জানার আর চেনার ক্ষেত্রে সহায়তা প্রদান করে এবং সেগুলোকে মেনে চলার শিক্ষা প্রদান করে! নিজেদের শক্তিকে মানাটা ততটা সহজ হয় না... কারণ আমরা সেটা চাই না আর আমরা সেটার প্রতি এক প্রকারের অসুরক্ষার ভাবনা পোষণ করি! স্বামী সত্যানন্দ জী

বলেছেন – *"কেবলমাত্র মহান স্ত্রী আর মহান পুরুষেরাই নিজেদের সীমা জানেন!"* এজন্য এটা অত্যন্ত গুরুত্বপূর্ণ হয় যে, আমরা নিজেদের শক্তির সাথে-সাথে নিজেদের দুর্বলতাগুলোকেও জানব... যাতে আমরা সেগুলোকে স্বীকার করে নিয়ে সেগুলোকে নিজেদের শক্তিতে বদলাতে পারি! আমাদের এটাও জানার আবশক্যতা রয়েছে যে, আমাদের উচ্চাকাংখা কি? আমাদের দীর্ঘমেয়াদী আর স্বল্পমেয়াদী লক্ষ্যের ব্যাপারেও জানার আবশ্যকতা রয়েছে! উদাহরণস্বরূপ কোন দীর্ঘমেয়াদী লক্ষ্য আপনাদের আত্ম-সিদ্ধির অনুভব প্রদান করতে পারে! তবে এটা জরুরী নয় যে, সেটা কাল বা পরশুই হবে! সেটাও আমাদের দীর্ঘমেয়াদী লক্ষ্য হতে পারে, যেটা আমাদের জীবনকে অর্থ প্রদান করবে! কিন্তু আমাদের সেই সব স্বল্পমেয়াদী লক্ষ্যগুলোর ব্যাপারেও জানতে হবে... যেগুলো আমরা সহজে প্রাপ্ত করতে পারি! সেগুলো আমাদের সন্তুষ্টি, আত্মসম্মান আর এমন বিশ্বাস প্রদান করতে পারে যে, আমরা সেই সব কিছু করতে সফল হয়েছি... যেগুলো আমরা করতে চেয়েছিলাম! নিজেদের উচ্চাকাংখার সূচী প্রস্তুত করাটা আমাদের মধ্যে এক নতুন জাগরুকতা নিয়ে আসবে!

❑❑❑

96

কুশলতা দ্বারা শিখুন এবং সেবা করুন

প্রতিটি মুহূর্ত... সর্বদা জীবনের প্রতিটি ক্ষেত্রে কুশলতা এবং উৎকৃষ্টতা বজায় রাখার ওপরে নিজেদের মনোযোগ কেন্দ্রীভূত করে রাখুন! আপনারা যদি এমনটা চিন্তা করেন যে, আপনারা জীবনে সব কিছু প্রাপ্ত করে নিয়েছেন, আপনারা জীবনে সফল হয়ে উঠেছেন আর এই সংসারে আপনাদের আর কোন প্রকারের কুশলতা প্রাপ্ত করার কোন আবশ্যকতা নেই – তাহলে এমনটা নিশ্চিত রূপে ধরে নিতে পারেন যে, আপনাদের সর্বশ্রেষ্ঠ সফল ব্যক্তি হয়ে ওঠার সফর সেদিন থেকেই থেমে যাবে! তাই কেবল কুশলই হবেন না... বরং নিজেদের সমুদায়ের লোকেদের, নিজেদের ভাই-বোনেদের আর আপনাদের সংস্পর্শে আসা সকল ব্যক্তিদের সেবাও করে চলুন!

❑❑❑

97

চিন্তা না করে কেবল কাজ করে চলুন

যে কোন ব্যক্তির যে কোন প্রকারের কঠিনতা আর সংকটে চিন্তা করার পরিবর্তে সেই কঠিন পরিস্থিতি থেকে বাইরে বেরিয়ে আসার চেষ্টা করা উচিত! উদাহরণ হিসেবে – দুটো দোকান পাশাপাশি একই প্রকারের ব্যবসা করে! একজন দোকানদার নিজের দোকানে *'বিগ সেল'*-য়ের এক বিরাট বড় বোর্ড লাগাল! দ্বিতীয় দোকানদারও নিজের দোকানে তখুনি *'বিগ ডিস্কাউন্ট'*-য়ের বোর্ড লাগিয়ে দিল! পরের দিন যখন প্রথম দোকানদার এটা দেখল যে, তার থেকে দ্বিতীয় দোকানদারের দোকানে বেশী বিক্রী হচ্ছে... তখন সে অত্যন্ত চিন্তিত হয়ে উঠল! যেহেতু প্রথম দোকানদার এক সর্বশ্রেষ্ঠ সফল ব্যক্তি ছিল... তাই সে নিজের দোকানের জন্য নতুন রণনীতি প্রস্তুত করল আর *'বিগ সেল'*-য়ের বোর্ড নামিয়ে এনে সেই জায়গায় *'মেইন্ এন্ট্রান্স'* বোর্ড লাগিয়ে দিল! আপনারা হয়তো চমকে উঠবেন... কিন্তু এটা এক তথ্য ছিল যে, কেবলমাত্র *'মেইন্ এন্ট্রান্স'* বোর্ড লাগানোমাত্র তার দোকানে খরিদ্দারদের ভীড় উপ্চে পড়তে লাগল! লোকেরা দ্বিতীয় দোকানে *'বিগ ডিস্কাউন্ট'* বোর্ড আর প্রথম দোকানে *'মেইন্ এন্ট্রান্স'* বোর্ড লাগানো দেখলে তারা ডিস্কাউন্ট নেওয়ার জন্য মেইন্ এন্ট্রান্স দিয়ে যাওয়াটাকেই উপযুক্ত বলে মনে করল! সুতরাং যখনই ব্যবসা অথবা জীবনে চিন্তা করার মত কোন পরিস্থিতির সৃষ্টি হবে... তখন চিন্তা করার পরিবর্তে কাজ করে চলুন... সেটার ব্যাপারে ভাবুন! আপনাদের কেবল এটা ভাবতে হবে যে, চিন্তার হাত থেকে মুক্তি পাওয়ার জন্য কোন্ গুরুত্বপূর্ণ নির্ণয় নেওয়া উচিত?

❑❑❑

94

এমন কিছু করুন... যার দ্বারা অন্যদের মুখে হাসি ফুটে ওঠে

কোন অসাধারণ সফল ব্যক্তি কেবল নিজের ব্যক্তিত্ব-বিকাশের দিকেই দৃষ্টি দেন না... বরং সেটার থেকে এক পা এগিয়ে সেই সব বিচার, ভবিষ্যতের সম্ভাবনা আর ভবিষ্যৎ নিরূপণের ব্যাপরেও তিনি চিন্তা করেন আর তাঁর লক্ষ্য হয় অন্যদের মুখে হাসি ফুটিয়ে তোলা! সর্বদা নিজের মনে *'গিভ এ্যাণ্ড টেক'*-য়ের সিদ্ধান্ত বজায় রাখুন! আপনারা সমাজ থেকে সেই সব কিছু গ্রহণ করেছেন... যেগুলো আপনাদের আজ বর্তমান অবস্থায় পৌঁছে দিয়েছে আর আপনাদের শ্রেষ্ঠ সফল ব্যক্তির পরিচিতি প্রদান করেছে! অতএব আপনারা সমাজ থেকে যা কিছু গ্রহণ করেছেন... সেগুলোর কিছুটা অংশ এবার আপনাদের সমাজকে ফিরিয়ে দেওয়া উচিত!

এমন অনেক কর্পোরেট হাউস রয়েছে... যারা লক্ষ-কোটি টাকা তো কামাচেছ... কিন্তু তাদের এমন কোন চিন্তাধারা নেই যে, তারা অন্যদের মুখে হাসি ফুটিয়ে তোলার চেষ্টা করবে! এজন্য আপনারা যদি জীবনের বাস্তবিক আনন্দ আর প্রসন্নতা প্রাপ্ত করতে চান... তাহলে এটাই হচেছ সঠিক সময়, যখন আপনারা সমাজকে সেই সব কিছু দেওয়ার ব্যাপারে ভাবনা-চিন্তা করবেন... যেগুলো দান করে আপনারা নিজেরাও আনন্দিত হয়ে উঠবেন!

সেই সব লোকেদের সেই সব কিছু দেওয়ার ব্যাপারে ভাবনা-চিন্তা করুন... যেগুলো তাঁদের নাগালের বাইরে! আপনাদের দ্বারা প্রদান করা যে কোন কিছুই তাঁদের মুখে হাসি ফুটিয়ে তুলবে! এই দেওয়ার প্রক্রিয়ায় খুব বেশী অর্থের আবশ্যকতা হয় না... আবশ্যকতা কেবল মনে অন্যদের কিছু দেওয়ার বিচার নিয়ে আসার হয়! সুতরাং আপনারা ধনী হোন্ বা মধ্যবিত্ত... এই সিদ্ধান্তের জন্য কিছুটা সময় বার করুন যে, অসাধারণ সফলতা প্রাপ্ত করার পরে আপনারা অন্যদের মুখে হাসি ফুটিয়ে তুলবেন!

❑❑❑

99

পারিবারিক সুখ আর ছুটীর আনন্দ ওঠান

কোন শ্রেষ্ঠ সফল ব্যক্তির লক্ষ্য জীবনের সকল ক্ষেত্রে অসাধারণ সফলতা প্রাপ্ত করা হয়! এর জন্য আবশ্যক হচেছ যে, আপনারা নিজেদের পরিবারের লোকেদের সাথে পারিবারিক সুখের আনন্দ উপভোগ করবেন এবং ছুটীর মজা ওঠাবেন! ফিল্ম ইণ্ডাস্ট্রিতে 100-রও বেশী প্রসিদ্ধ ব্যক্তি রয়েছেন... কিন্তু সেখানে এমন ব্যক্তির সংখ্যা অত্যন্ত কম, যাঁরা অতুলনীয় সফলতার বাস্তবিক আনন্দ উপভোগ করেছেন! সেই মুষ্টিমেয় ব্যক্তিদের মধ্যে একজন ব্যক্তি হচেছন অভিনেতা অক্ষয় কুমার... যিনি কেবলমাত্র এক ভালো ব্যক্তিই নন... উনি এক অসাধারণ সফল ব্যক্তিও বটে! অক্ষয় কুমার পারিবারিক সুখ আর নিজের পরিবারের লোকেদের সাথে ছুটীর আনন্দও উপভোগ করেন! সম্প্রতি এক ইন্টারভিউতে অক্ষয় কুমার বলেছেন – *"আমি আমার পত্নীর সাথে সাধারণ ভাবে বার্তালাপ করি! আমি এক বছরে 2 অথবা 3 পার্টিতে যাই! আমি আর আমার পত্নী টুইংকল প্রতি দিন রাত 9:30-টায় শুয়ে পড়ি! আমরা নিজেদের ছেলের সাথে ছুটী কাটাই! প্রত্যেক 3 - 4 মাস পরে-পরে আমরা এক সপ্তাহের অফ্ আর প্রতি বছরে এক মাসের অফ্ নিই! আমি আমার পত্নী আর ছেলের সামনে গ্লোব রেখে দিই আর তাদের এই প্রশ্ন করি যে, তারা কোথায় ছুটী কাটাতে যেতে চায়? গত বছর আমরা ন্যু ইয়র্ক, বার্বাডোস আর প্যুর্টিকো রিকো গিয়েছিলাম!"*

❑❑❑

100

13-ডি ফর্মূলা গ্রহণ করুন

সফলতা প্রাপ্ত করার কোন শর্টকাট রাস্তা হয় না! এটা এক তথ্য... বিশেষ করে সেই সব ব্যক্তিদের জন্য, যাঁরা জীবনে কেবল সফলতাই নয়... বরং অসাধারণ সফলতা প্রাপ্ত করতে চান! আপনারাও যদি এমন ব্যক্তিদের শ্রেণীতে আসেন... তাহলে জীবনে অসাধারণ সফলতা প্রাপ্ত করার জন্য কখনোই শর্টকাট রাস্তার ব্যাপারে চিন্তা করবেন না! জীবনে কঠোর মেহনত, সমর্পণের ভাবনা আর অর্পণই আপনাদের জীবনে অসাধারণ ব্যক্তি করে তুলতে পারে! তবুও অতুলনীয় সফল ব্যক্তি... বিশেষ করে নবযুবকেরা অসাধারণ সফলতা প্রাপ্ত করার জন্য 13-ডি ফর্মূলা গ্রহণ করতে পারেন! 13-ডি ইংরাজী বর্ণমালার শব্দ 'D' দিয়ে শুরু হওয়া 13-টি শব্দ থেকে এসেছে! সেই 13-টি শব্দ হচেছ – সমর্পণ, আস্হা, অনুশাসন, দৃঢ় নিশ্চয়তা, নির্লিপ্ততা, বিকাশ, নির্ণয়, গভীরতা, ঐশ্বরিক, রূপরেখা, ইচছা, বাধা এবং চিন্তাধারা!

❑❑❑

101

দৃঢ়-নিশ্চয়ী হয়ে উঠুন

এটা এক তথ্য যে, কোন শ্রেষ্ঠ সফল ব্যক্তিকে অন্যদের থেকে আলাদা দেখতেই হবে! কোন শ্রেষ্ঠ সফল ব্যক্তি আর কোন সাধারণ ব্যক্তির মধ্যে যে পয়েন্টটা ভিন্নতা প্রদর্শন করে... সেটা হচ্ছে দৃঢ়-নিশ্চয়ী হওয়ার শক্তি! কোন বিশেষ সফল ব্যক্তির মধ্যে সর্বদা দৃঢ়-নিশ্চয়ী হয়ে থাকার শক্তি মজুদ থাকে! এটা তাঁর দৃঢ় সংকল্পের ভাবনাই হয়... যেটা তাঁকে অতুলনীয় সফলতার অদ্ভূত ক্ষেত্রের বাস্তবিক রাজা বানিয়ে তোলে! আমার এই মুহূর্তে দৃঢ়-নিশ্চয়ী হওয়ার এক অত্যন্ত প্রেরণাদায়ক কাহিনী মনে পড়ে যাচ্ছে! এই কাহিনী হচ্ছে সেই সময়ের... যখন আব্রাহাম লিঙ্কনের সময় অত্যন্ত খারাপ চলছিল! উনি অত্যন্ত মুশকিলে জীবন কাটাচ্ছিলেন! পরিস্থিতি এতটাই খারাপ হয়ে উঠেছিল যে, উনি দিনে দু বেলা পেট পুরে খাবারও জোটাতে পারছিলেন না! এতটা কঠিন পরিস্থিতি সত্ত্বেও উনি না কখনো অস্থির হয়ে উঠেছিলেন আর না-ই কখনো জীবনে কখনো হার মেনেছেন! লিঙ্কনের পড়াশোনা করার অত্যন্ত বেশী শখ ছিল... কিন্তু ওনার কাছে বই কেনার মত অর্থ থাকত না! উনি যখনই এমনটা জানতে পারতেন যে, কোন ব্যক্তির কাছে কোন ভালো পুস্তক আছে... উনি সেই ব্যক্তির বাড়ী গিয়ে সেই পুস্তক পড়ে আসতেন! একবার উনি জানতে পারলেন যে, নদীর অন্য পারে এক অবসরপ্রাপ্ত জজ সাহেব থাকেন... যাঁর কাছে আইনের বিষয়ে কিছু ভালো পুস্তক রয়েছে! লিঙ্কন সেই জজ সাহেবের বাড়ী গিয়ে পুস্তক পড়তে চাইছিলেন... কিন্তু সমস্যা ছিল এই যে, সেটা শীতকাল ছিল আর শীতের দিনে নদীর জল অত্যন্ত ঠাণ্ডা আর জমে থাকত! কিন্তু লিঙ্কন হার না মেনে এক ছোট নৌকোয় চেপে নদীপথে সেই জজ সাহেবের বাড়ীর উদ্দেশ্যে রওনা হয়ে পড়লেন! উনি সবে অর্দ্ধেক পথ পাড়ি দিয়েছেন... ওনার নৌকো এক বরফের চাঁই-য়ের সাথে ধাক্কা খেয়ে ভেঙে গেল! কিন্তু লিঙ্কন তখনও হার মানলেন না... উনি

নৌকো ছেড়ে সাঁতার কেটে নদী পার করে গেলেন! নদীর অপর পারে পৌঁছে উনি জজ সাহেবের বাড়ী খুঁজে বার করলেন আর তাঁর সাথে মিলিত হয়ে সেই পুস্তক দেখানোর জন্য অনুরোধ জানালেন! সেই সময় জজ সাহেবের ঘরোয়া ভৃত্য ছুটীতে নিজের বাড়ী গিয়েছিল... যার ফলে জজ সাহেব ঘরোয়া কাজগুলো সামলাতে অত্যন্ত কঠিনতা অনুভব করছিলেন! জজ সাহেব এই শর্তে লিঙ্কনকে পুস্তক পড়তে দিলেন যে, তার প্রতিদানে লিঙ্কন ওনার বাড়ীতে ঘরোয়া ভৃত্যের রূপে কাজ করবেন! লিঙ্কন জজ সাহেবের এই শর্ত সহর্ষে স্বীকার করে নিলেন! উনি সারাটা দিন ঘরের কাজ করতেন... জঙ্গল থেকে কাঠ কেটে আনতেন... অন্যান্য কাজ করতেন এবং রাতের বেলায় উনি পুস্তক পড়তেন! জজ সাহেব লিঙ্কনের দৃঢ় নিশ্চয়তা দেখে অত্যন্ত প্রভাবিত হয়ে উঠলেন এবং উনি লিঙ্কনকে বেশ কিছু পুস্তক উপহার স্বরূপ দিয়ে দিলেন! এটা হচেছ লিঙ্কনের জীবনের এক সত্য ঘটনা! লিঙ্কন নিজের এই দৃঢ় নিশ্চয়তার জোরেই পরে আমেরিকার রাষ্ট্রপতি হয়েছিলেন! লিঙ্কনের এই কাহিনী জীবনে অতুলনীয় সফলতা প্রাপ্ত করতে ইচ্ছুক লোকেদের কাছে প্রেরণা স্বরূপ! আপনারাও দৃঢ়-নিশ্চয়ী হয়ে সংসারে চমৎকারী জিনিষ প্রাপ্ত করতে পারেন!

❑❑❑

102

নিজের অর্থের সদুপযোগ করুন

কোন অতুলনীয় সফল ব্যক্তি জীবনের প্রতিটি ক্ষেত্রেই লাভ ওঠাতে চান আর তিনি অন্যদেরও এই ব্যাপারে পরামর্শ দিতে থাকেন! জীবনের সব থেকে গুরুত্বপূর্ণ গতিবিধি, যেটা কোন ব্যক্তিকে সফল করে তোলে... সেটা হচ্ছে আর্থিক গতিবিধি! আপনারা নিজেদের অর্থের কেমন ভাবে সদুপযোগ করেন – সেটাই আপনাদের অন্যদের থেকে আলাদা করে তোলে! আপনারা যদি জীবনে অতুলনীয় সফলতা প্রাপ্ত করার জন্য এটাকে এক গুরুত্বপূর্ণ ক্রিয়া হিসেবে মানেন... তাহলে আপনারা নিজেদের অর্থ ঘরের আলমারীতে না রেখে ব্যাংকের সেভিংস এ্যাকাউন্টে জমা রাখুন অথবা তার থেকেও কিছুটা এগিয়ে সেই সব বিকল্পে লাগান... যেগুলো আপনাদের অর্থকে বাড়িয়ে তুলবে! আপনারা নিজেদের অর্থ শেয়ার মার্কেটেও লাগাতে পারেন, ফিক্সড্ ইন্‌কামে নিবেশ করতে পারেন অথবা কিছুটা অর্থ ইক্যুইটিতেও লাগাতে পারেন! আপনারা নিজেদের অর্থ যেখানেই লাগান না কেন... আপনাদের লক্ষ্য অর্থ দিয়ে অর্থ উপার্জন করা হওয়া উচিত! এটা সত্য যে, টাকা-পয়সা বানানো অত্যন্ত কঠিন... কিন্তু তার থেকেও কঠিন আর গুরুত্বপূর্ণ হচ্ছে সেই টাকা-পয়সাকে দ্বিগুণ-তিন গুণ করে তোলা! এটাই হচ্ছে সেই গুরুত্বপূর্ণ ক্ষেত্র... যেখানে কোন অতুলনীয় সফল ব্যক্তি নিজের এনার্জী আর সময় সঠিক ভাবে লাগান!

❑❑❑

103

নিজের জীবনের ব্যালান্স শীট তৈরী করুন

অন্তিম সত্য হচেছ এটা যে, কোন সংগঠনের ব্যবসা কেমন ভাবে চলছে... সেটা সেই সংগঠনের ব্যালান্স শীট থেকেই জানতে পারা যায়! এই প্রকার কোন ব্যক্তির সফলতা... বিশেষ করে কোন উৎকৃষ্ট ব্যক্তির সফলতার মূল্যাংকন তাঁর জীবনের ব্যালান্স শীট দ্বারা করা যেতে পারে! অতএব নিম্নলিখিত *'ডিটেল'* প্রদান করে নিজেদের জীবনের ত্রৈমাসিক, ষান্মাসিক আর বার্ষিক ব্যালান্স শীট তৈরী করুন! নিজেদের জীবনের ব্যালান্স শীট এই ভাবে বানান ঃ

আমার জন্ম হচেছ আমার ওপেনিং ব্যালান্স!
আমার মৃত্যু হচেছ আমার ক্লোজিং ব্যালান্স!
পূর্বাগ্রহ বিচার হচেছ আমার লায়াবিলিটিজ!
আমার রচনাত্মক বিচার হচেছ আমার এ্যাসেটস্!
আত্মা হচেছ আমার ফিক্সড্ এ্যাসেটস্!
হৃদয় হচেছ আমার কারেন্ট এ্যাসেট!
মস্তিষ্ক হচেছ আমার ফিক্সড্ ডিপোজিট!
বিচারধারা হচেছ আমার কারেন্ট এ্যাকাউন্ট!
উপলব্ধি হচেছ আমার ধন!
চরিত্র আর নৈতিকতা হচেছ আমার স্টক!
মিত্ররা হচেছ আমার রিজার্ভস!
ভ্যালু আর ব্যবহার হচেছ আমার গুডউইল!
সহ্যশীলতা হচেছ আমার ইন্টারেস্ট!
প্রেম হচেছ আমার ডিভিডেন্ট!
বাচ্চারা হচেছ আমার বোনাস ইশ্যু!

শিক্ষা হচেছ আমার ব্রাণ্ড!

জ্ঞান হচেছ আমার ইন্‌ভেস্টমেন্ট!

খরচ হচেছ আমার প্রীমিয়াম এ্যাকাউন্ট!

এই ব্যালান্স শীট সঠিক ভাবে বানানো আমাদের সবার লক্ষ্য হওয়া উচিত! এবার আপনাদের নিজেদের জীবনের ব্যালান্স শীট প্রস্তুত করার সময় এসে উপস্থিত হয়েছে!

❑❑❑

104

পড়ুন... বুঝুন আর কার্যান্বিত করুন

যে কোন সফল ব্যক্তি সর্বদা পড়ার সময় ঠিকই বার করে নেন! কোন বিশেষ সফল ব্যক্তির এক অত্যন্ত গুরুত্বপূর্ণ কাজ হয় – পড়া... পড়া আর পড়া! কিন্তু একটা বড় প্রশ্ন এটা আসে যে, কি পড়া উচিত? এই প্রশ্নের সরল আর সোজা উত্তর হচ্ছে এই যে, সেটাই পড়ুন... যেটা আপনাদের প্রেরণা প্রদান করবে! সেটাই পড়ুন... যেটা আপনাদের আপনাদের ব্যবসা বা প্রোফেশনে আশা করা হয় না! এমন কিছু নতুন আর নব-পরিবর্তনকারী সাহিত্য পড়ুন... যেগুলো অন্যরা পড়েন না! আপনারা যদি একবার এগুলো মনোযোগ সহকারে পড়ে নেন... তাহলে নিজেদের দ্বারা পড়া গুরুত্বপূর্ণ পয়েন্টগুলো নিজেদের জীবনে গ্রহণ করার চেস্টা করুন! এবার আপনাদের দ্বারা পড়া আর তারপর সেগুলো নিজেদের জীবনে গ্রহণ করা পয়েন্টগুলোকে কার্যান্বিত করার সময় এসে উপস্থিত হয়েছে!

আমার পঞ্চদশ শতাব্দীর মহানতম দার্শনিক ফ্রান্সিস ব্যাকনের কথা মনে পড়ে যাচ্ছে... যিনি এমনটা লিখে গেছেন – *"অধ্যয়ণ কোন মনুষ্যকে পূর্ণ করে তোলে... আলোচনা কোন ব্যক্তিকে সমর্থ করে তোলে আর লেখন কোন ব্যক্তিকে ত্রুটিহীন করে তোলে!"* এজন্য সর্বপ্রথমে নিজেকে পূর্ণ মনুষ্য করে তুলুন আর এক অতুলনীয় সফল ব্যক্তির রূপে পড়ার অভ্যাস বিকশিত করে তুলুন আর সব শেষে পড়া বিষয়বস্তুকে নিজের জীবনে গ্রহণ করে সেগুলোকে জীবনে লাগু করুন! কিছু নতুন আর নব-পরিবর্তনকারী গ্রহণ করুন আর জীবনে অতুলনীয় সফলতা প্রাপ্ত করার জন্য সেগুলোকে কোন-না-কোন রূপে প্রয়োগ করুন!

❑❑❑

105

জীবনের প্রতিটি ক্ষেত্রে মনের একাগ্রতা বজায় রাখুন

আমাদের মন সব থেকে বেশী গুরুত্বপূর্ণ হয়! এটাই আমাদের সব কাজ করে! কিন্তু তথ্য এটাও হয় যে, আমরা সফলতা আর সম্পন্নতা প্রাপ্ত করার জন্য নিজেদের মন আর মস্তিস্কের সর্বাধিক 10% শতাংশই ব্যবহার করি! এটাও এক তথ্য হয় যে, কোন অতুলনীয় সফল ব্যক্তি নিজের মন-মস্তিস্কের কেবলমাত্র 15% শতাংশ প্রয়োগ করে জীবনে অতুলনীয় সফলতা প্রাপ্ত করে নেন! কিন্তু আপনারা যদি জীবনে বিশেষ সফলতা প্রাপ্ত করতে চান... তাহলে আপনাদের জীবনের প্রতিটি পক্ষের প্রতি নিজেদের মনকে একাগ্র রাখার লক্ষ্য স্হাপিত করতে হবে! সেই সময়... যখন আপনারা এমনটা অনুভব করেন যে, এবার আপনাদের মনের কথা বলা উচিত... তখন আপনাদের মনের সম্পূর্ণ একাগ্রতার সাথে আপনাদের আদেশানুসার কথা বলা উচিত! এটা সর্বদা মাথায় রাখবেন যে, একাগ্রতা কেবলমাত্র মনকে প্রশিক্ষিত করে তোলা দ্বারাই প্রাপ্ত করা সম্ভব হয়! এখানে প্রশ্ন এটা ওঠে যে, মনকে কি ভাবে প্রশিক্ষিত করে তোলা যেতে পারে? আর এই প্রশ্নের সরল উত্তর হচ্ছে – সাধনা... সাধনা এবং সাধনা! নির্দিষ্ট সময়ে কোন নির্দিষ্ট স্হানে শান্ত ভাবে বসে পড়ুন আর প্রথম দিকে 10 মিনিটের জন্য ধ্যান লাগান! এই ধ্যান আর সাধনার মেয়াদকে ধীরে-ধীরে বাড়িয়ে চলুন আর একটা সময় এমন আসবে... যখন আপনারা কোন প্রকারের সমস্যা ছাড়াই একাগ্রচিত্ত হয়ে না থেকে 1 ঘন্টা পর্যন্ত সাধনা বা ধ্যান লাগাতে পারবেন! এক বার আপনারা ধ্যান লাগানো শুরু করে দিলে আপনারা নিজেদের মনের একাগ্রতা বিকশিত করে তুলতে সক্ষম হয়ে উঠবেন! এটাও মনে রাখবেন যে, মনের এই একাগ্রতাই আপনাদের এক বিশেষ

সফল ব্যক্তি করে তুলতে সহায়তা করবে! আমি উপনিষদের একটা উক্তি দ্বারা অত্যন্ত বেশী প্রভাবিত হয়ে উঠেছি, যেটা জানায় – "*যে ব্যক্তির কাছে মনের একাগ্রতার সর্বোচ্চ জ্ঞান রয়েছে... তার সকল ইন্দ্রিয় তার নিয়ন্ত্রণে থাকে – ঠিক যেমনটা রথের সারথি রথের ঘোড়াগুলোকে নিজের নিয়ন্ত্রণে রাখে!*"

❑❑❑

106

জীবনের প্রতিটি দিনকে আনন্দময় করে তুলুন

প্রসন্নতা! প্রতিটি মুহূর্তে, প্রতিটি সময়ে এটাই আপনাদের জীবনের লক্ষ্য হওয়া উচিত! আপনারা যখন নিজেদের হৃদয়ে আর নিজেদের আশপাশে অসীমিত প্রসন্নতার অনুভব করেন... তখন নিশ্চিত রূপে আপনারা নিজেদের *'এক উৎকৃষ্ট সফল ব্যক্তি'*-র খেতাব প্রদান করার ক্ষমতা রাখেন! কেবলমাত্র ধন আর প্রসিদ্ধি আপনাদের অতুলনীয় সফল ব্যক্তি করে তোলে! সুতরাং প্রতিটি অতুলনীয় সফল ব্যক্তির এটা দেখার চেস্টা করা উচিত – আজ, কাল আর প্রতিটি দিন তাঁর জীবন প্রসন্নতায় পরিপূর্ণ হয়ে রয়েছে কি না? আমরা সকলে এই জীবনরূপী নাটকের এক অংশ... যেখানে আমরা কখনো ডায়রেক্টর... কখনো প্রোডিউসার... কখনো অভিনেতা... কখনো ক্যামেরাম্যান ইত্যাদি ভূমিকায় অবতীর্ণ হই! অতএব আমাদের এটা দেখা উচিত যে, আমরা জীবনরূপী নাটকে যে ভূমিকাতেই অবতীর্ণ হই না কেন... আমাদের সেই ভূমিকা থেকেই অসীমিত প্রসন্নতা প্রাপ্ত করতে হবে! এখানে আমি আপনাদের এটা জানতে চাই যে, আপনারা নিজেরাই নিজেদের *'হ্যাপীনেস ডায়রী'* বানাতে পারেন! এই ডায়রীর বিচার সর্বপ্রথম আমার মাথাতেই এসেছিল! প্রত্যেক দিন রাতে ঘুমোতে যাওয়ার আগে একটা কাগজে সারা দিনে ঘটা প্রসন্ন আর অপ্রসন্ন ঘটনাগুলোকে সূচীবদ্ধ রূপে লিখে ফেলুন! এক বার ডায়রী লেখার পরে আপনারা নিজেদের নম্বর প্রদান করুন! যদি আপনারা ভালো নম্বর প্রাপ্ত করেন... তাহলে নিশ্চিত রূপে আপনারা প্রসন্নতায় ভরপুর জীবন কাটান! তাহলে ছোটখাটো রোগ তো দূরের কথা... ক্যান্সারের মত ঘাতক রোগও আপনাদের ধারে-কাছে ঘেঁষতে পারবে না! মানসিক চাপ, চিন্তা আর কুণ্ঠার পরিণামস্বরূপই ক্যান্সারের

মত রোগের সৃষ্টি হয়... কারণ অপ্রসন্নতা আমাদের মন-মস্তিষ্ককে প্রভাবিত করে তুলে, আমাদের শরীরের কোশিকাগুলোকে নষ্ট করে দেয়! এজন্য এটাই হচ্ছে সঠিক সময়... যখন আমরা প্রত্যেক দিন আনন্দময় জীবন আর অসীমিত প্রসন্নতা প্রাপ্ত করার লক্ষ্য স্থির করব! আপনারা যদি অসীমিত প্রসন্নতা প্রাপ্ত করে নেন... তাহলে আপনারা ক্রমশঃ বেড়ে চলা বয়সের কথাও ভুলে যাবেন!

❑❑❑

অশিষ্টতা এড়িয়ে চলুন

এরিট হৌফর বলেছিলেন যে, অশিষ্টতা দুর্বল ব্যক্তির চাপের সীমা হয়! আমার এক বন্ধুর মা শ্রীমতি সবিতা শর্মা এমনটা অনুভব করেন যে, অশিষ্ট এবং অভদ্র ব্যক্তিরা হয়তো স্বল্পকালীন লাভ প্রাপ্ত করলেও করতে পারেন... কিন্তু বেশীর ভাগ লোক এমন ব্যবহার করতে থাকা লোকেদের সাথে দীর্ঘকালীন সম্পর্ক রাখেন না! অনেক লোক নিজের হাতেই নিজেদের ব্যবসা চৌপাট করে দিয়েছেন... কারণ তাঁদের মধ্যে শিষ্টাচার আর ভদ্রতার অভাব ছিল! শিষ্টতা, নম্রতার অন্য নাম হয়! এর জন্য কোন টাকা-পয়সা খরচ করতে না হলেও এই জিনিষটা কেবলমাত্র কোন ব্যক্তিরই নয়... সমস্ত সংগঠনের নাম উঁচুতে তুলে ধরে! বাচ্চাদের ছোটবেলা থেকেই শিষ্টাচারী ব্যবহার শেখানো উচিত... যাতে তারা বড় হয়ে উঠে সংবেদনশীল ব্যক্তি হয়ে ওঠে! এজন্য প্রত্যেক ব্যক্তিরই অশিষ্টতা থেকে শত যোজন দূরে থাকা উচিত! আপনারা যদি অশিষ্ট হওয়া সত্ত্বেও জীবনে সফল হন... তাহলে একটা জিনিষ সর্বদা মাথায় রাখবেন যে, আপনাদের এই অশিষ্টতাই একদিন আপনাদের বিশেষ সফল ব্যক্তি থেকে সাধারণ সফল ব্যক্তি আর তারপর ব্যর্থ ব্যক্তি করে তুলবে! অতএব জীবনের প্রতিটি ক্ষেত্রে অশিষ্টতা এড়িয়ে চলুন!

❑❑❑

বাহ্যিক রং-রূপ দ্বারা লোকেদের মূল্যাংকন করবেন না

কোন অতুলনীয় সফল ব্যক্তি সর্বদা এটা সুনিশ্চিত করেন যে, তিনি লোকেদের কেবলমাত্র বাহ্যিক রং-রূপ দেখে তাদের মূল্যাংকন করবেন না! এখানে আমার ম্যালকম ফোব্স দ্বারা জানানো এক সত্য কাহিনীর কথা মনে পড়ে যাচ্ছে! সেই কাহিনী সেই সব ব্যক্তির মন-মস্তিস্কে ঝড় তুলবে... যাঁরা বাস্তবে অতুলনীয় সফল ব্যক্তি হয়ে উঠতে চান! ম্যালকম ফোব্স দ্বারা জানানো সেই কাহিনী আর্যন হেরিটেজে ছাপা হয়েছিল! আমি এখানে সেই কাহিনী হু-ব-হু সেই সব ব্যক্তিদের জন্য তুলে ধরছি... যাঁরা জীবনে অতুলনীয় সফল ব্যক্তি হয়ে উঠতে চান! এই কাহিনী তাঁদের পক্ষে পথ-প্রদর্শকের কাজ করবে!

ছেঁড়া পোশাক পরা এক মহিলা নিজের পতির সাথে বোস্টন স্টেশনে ট্রেন থেকে নামলেন! মহিলার পতিও বাড়ীতে বানানো সুট পরে ছিলেন! ওনারা দুজনে কোন প্রকারের পূর্ব নির্দিষ্ট এ্যাপয়েন্টমেন্ট ছাড়াই হার্বার্ড ইউনিভার্সিটির প্রেসিডেন্টের অফিসে এসে পৌঁছলেন!

ওনারা প্রেসিডেন্টের সেক্রেটারীর কাছে প্রেসিডেন্টের সাথে দেখা করার জন্য এ্যাপয়েন্টমেন্ট দেওয়ার অনুরোধ জানালেন! সেক্রেটারী ওনাদের বাহ্যিক রং-রূপ দেখে তখুনি এমনটা মনস্থির করে নিলেন যে, এমন বেকার, গ্রাম্য আর গরীব ব্যক্তিদের হার্বার্ডে কোন কাজ থাকতে পারে না! উনি এমনটা মনস্থির করে নিলেন যে, এমন ব্যক্তিদের কেম্ব্রিজে ঢুকতে দেওয়াই উচিত নয়! সাধারণ সুট পরা সেই ভদ্রলোক মধুর স্বরে বললেন – *"আমরা প্রেসিডেন্টের সাথে দেখা করতে চাই!"* *"উনি আজ পুরো দিন প্রচণ্ড ব্যস্ত থাকবেন!"* সেক্রেটারী রুক্ষ স্বরে উত্তর দিলেন! *"আমরা অপেক্ষা করব!"* এবার মহিলা বললেন! বেশ কয়েক ঘন্টা পর্যন্ত সেক্রেটারী ওনাদের এই আশায় উপেক্ষা করতে লাগলেন যে, কোন-না-কোন সময় ওনারা নিজেরাই অতিস্ট হয়ে উঠে চলে যাবেন! কিন্তু ওনারা গেলেন না! শেষে সেক্রেটারী বিরক্ত হয়ে উঠে প্রেসিডেন্টকে ওনাদের

ব্যাপারে জানানোর নির্ণয় নিলেন! যদিও ওনার কাছে এই কাজটা অত্যন্ত অরুচিকর... কিন্তু অনিবার্য লাগছিল! *"স্যার! আপনি ওনাদের কয়েক মিনিট সময় দিলে ওনারা হয়তো চলে যাবেন!"* সেক্রেটারী প্রেসিডেন্টকে বললেন! প্রেসিডেন্টও আবেশে ভরে উঠে রাজী হয়ে পড়লেন! হয়তো প্রেসিডেন্টের মত গুরুত্বপূর্ণ ব্যক্তির সেই গ্রাম্য লোকেদের সাথে দেখা করতে ভালো লাগছিল না! উনি এমনিতেও ছেঁড়া-নোংরা পোশাক পরা লোকেদের সাথে দেখা করতে চাইতেন না! ওনারা দুজনে প্রেসিডেন্টের অফিসে এসে ঢুকলেন! প্রেসিডেন্ট কঠোর স্বরে প্রশ্ন করলেন – *"বলুন!"* মহিলা নম্র স্বরে বললেন – *"আমাদের এক ছেলে ছিল, যে এক বছর হার্বার্ডে পড়াশোনা করেছিল! সে হার্বার্ডকে অত্যন্ত বেশী পছন্দ করত আর ও এখানে প্রসন্ন ছিল! কিন্তু এক বছর আগে এক দুর্ঘটনায় ওর মৃত্যু হয়ে পড়েছে! আমি আর আমার পতি এটা চাই যে, আমাদের ছেলের স্মৃতিতে ক্যাম্পাসে এক স্মারক তৈরী করা হোক্!"* কিন্তু প্রেসিডেন্ট মহিলার কথায় ভাবুক হয়ে উঠলেন না! উনি রুক্ষতার সাথে বললেন – *"ম্যাডাম! আমরা হার্বার্ডে পড়া সব ব্যক্তির মূর্তি লাগাতে পারি না আর আপনাদের ছেলে তো এখন আর এই দুনিয়ায় নেই! আমরা যদি এমনটা করা শুরু করে দিই... তাহলে এই জায়গাটা ক্যাম্পাস কম, স্মারক-স্হল বেশী লাগবে! এজন্য আমার উত্তর হচ্ছে, এমনটা সম্ভব নয়!"* মহিলা তখুনি বলে উঠলেন – *"না, স্যার! আমরা এখানে আমাদের ছেলের মূর্তি লাগাতে চাই না! আমরা তো কেবল তার স্মৃতিতে এই ক্যাম্পাসে এক বড় বিল্ডিং নির্মাণ করতে চাই!"* প্রেসিডেন্ট সেই সাধারণ পোশাক পরা পতি-পত্নীকে দেখে উনি বললেন – *"বিল্ডিং! আপনারা কি এটা জানেন যে, একটা বিল্ডিং-য়ের নির্মাণ করতে কত খরচ হয়? হার্বার্ডের বিল্ডিং তৈরী করতেই আমাদের সাড়ে সাত মিলিয়ন ডলার লেগেছে!"* মহিলা এক মুহূর্তের জন্য চুপ করে রইলেন! এই দেখে প্রেসিডেন্ট মনে-মনে অত্যন্ত খুশী হয়ে উঠলেন যে, এবার উনি ওনাদের হাত থেকে নিস্কৃতি পেয়ে যাবেন! সেই মহিলা নিজের পতির দিকে তাকিয়ে থেকে ধীর স্বরে বললেন – *"একটা ইউনিভার্সিটি গড়ে তুলতে কি এতটাই খরচ হয়? তাই যদি হয়, তাহলে আমরা নিজেদের ইউনিভার্সিটি শুরু করে দিলে কেমন হয়?!"* প্রেসিডেন্টের মুখে-চোখে আশ্চর্যের ভাব স্পষ্ট দেখতে পাওয়া যাচ্ছিল! ওনাকে সেই অবস্হায় ছেড়ে রেখে শ্রী এবং শ্রীমতি লেল্যাণ্ড স্ট্যানফোর্ড উঠে দাঁড়ালেন আর সেখান থেকে সোজা ক্যালিফোর্নিয়া এসে পৌঁছলেন... যেখানে ওনাদের ছেলের স্মারকের রূপে স্ট্যানফোর্ড ইউনিভার্সিটি রয়েছে... হার্বার্ডে যেটাকে কেউ কোন গুরুত্বই দেয়নি!

আপনারাও যদি লোকেদের বাহ্যিক রং-রূপ দেখে তাঁদের মূল্যাংকন করার অভ্যাসে গ্রস্ত হয়ে থাকেন.. . তাহলে নিজেদের এই অভ্যাসকে এখুনি সংশোধন করে নিন আর এই চিন্তাধারায় বিশ্বাস করতে শুরু করে দিন – কখনোই কোন ব্যক্তির মূল্যাংকন তাঁর বাহ্যিক রং-রূপ দেখে করা উচিত নয়!

❑❑❑